大夏书系·吴正宪教育教学文丛

跟吴正宪学教数学

学教数学 ①

武维民

张秋爽

等◎编著

华东师范大学出版社

全国百佳图书出版单位

目录

序言1　她是一位"四好老师"

2014年教师节前夕，习近平总书记与北京师范大学师生座谈时提出好老师的四个标准，即要"有理想信念、有道德情操、有扎实学识、有仁爱之心"。怎样做到这四个方面？那就请看《跟吴正宪学当老师》和《跟吴正宪学教数学》。

吴正宪是北京市数学特级教师。不仅北京的小学老师都知道她，全国的小学老师中也有许多她的崇拜者。她之所以有这样的知名度，就是因为她完全符合"四好老师"的要求。

吴正宪热爱孩子，热爱教育事业。她把自己的生命融入小学数学教育。她认为，教师既有付出，也有收获。收获的是孩子们的真诚与渴望，是儿童成长的愉悦，是人生价值的实现。这种对教师的认识是成为好老师的最重要的基础。

教育既是科学又是艺术。教育是科学，就要有扎实的学识。吴正宪不仅具有扎实的数学功底，而且具有广阔的视野，在几十年的数学教育生涯中建立了儿童数学教育理论体系。教育是艺术，要善于创造性地把知识传授给学生。吴正宪的儿童数学教育理论体系就包含了儿童数学教育思想和教学艺术实践两个方面的内容，而教学艺术实践体现了她的教学风格。

吴正宪认为，进行儿童数学教育，首先要了解儿童。儿童是独立的自由主体，是活生生的人，是在发展成长中的人，因此要充分发挥儿童的积极性、主动性。这也是我一直主张的，学生是教育的主体，教师的主导作用就在于启发学生的主体性思想。

教育是艺术，优秀教师必然有自己的教育风格。吴正宪的教育风格大家可以在本书中体会到，我不敢贸然概括。我听过她的公开课，我的感觉是，她的教学明快流畅、紧扣主题、启迪思维、步步深入、引人入胜。

《跟吴正宪学当老师》和《跟吴正宪学教数学》，是她的弟子，一批年轻教师记录的吴正宪老师教书育人、做人做事等方面的故事，以及他们的感悟。书中没有理论的说教，而是透过一个个鲜活的故事，讲述吴正宪老师的教育思想和教育艺术；透过一个个生动的案例，讲述吴正宪老师怎样手把手地引领年轻教师的成长。这两本书内容丰富，故事性强，具有可读性，我相信读者通过阅读可以更深入地体会到一位好老师的精神实质和她的教育智慧，而且会得到某种启迪，从而提高自己的教育品位。

2018 年 4 月 2 日

序言2　一个有故事的教育家

　　吴正宪老师是一个有故事的教育家，故事就发生在她坚守了四十余年的课堂教学实践中，故事就发生在和她朝夕相处的学生、老师们中间。工作在吴正宪身边的北京小学数学团队的老师们，将自己经历过的、观察到的、感受到的，记录下来汇编成了《跟吴正宪学当老师》《跟吴正宪学教数学》。书中一个个小故事和教学案例，让我们看到了吴正宪老师不平凡的教育人生，同时也看到一支优秀的北京小学数学教师团队在吴正宪的影响和带领下如何成长为优秀教师的历程。我想这会为当前大家关注的教师专业发展带来许多思考与借鉴。

　　吴正宪从教四十余年，她教过语文、数学，做了二十多年的班主任，深受孩子们的喜爱，家长的尊重与认可。她践行的"儿童数学教育"，永远把儿童放在心上，从儿童的视角、站在儿童的立场思考问题，倾听儿童的声音，唤起儿童的兴趣和自信，帮助儿童学会交流与表达，引导儿童学会操作和探究，培养儿童学会"数学"地思考。

　　儿童教育的核心就是爱和尊重，没有爱就没有教育。而理解与读懂儿童正是"爱与尊重"的体现。吴正宪善于走进儿童的内心世界，用童心去感悟童心。她尊重儿童的人格，有教无类；尊重儿童的个性，因材施教；尊重儿童成长的权利，满足他们的发展需求。她成为儿童最重要的朋友，儿童学习的引路人。我认为真正读懂每一个儿童并不容易，真正发自内心地尊重每一个儿童更不容易，吴正宪以对儿童和数学的热爱，创造了儿童喜爱的数学课堂。吴正宪努力唤起基层教师对科学知识、实践技能和美好价值观的追求，从中收获教师的职业幸福感。因此，我们要像吴正宪那样以高尚的人格、仁爱之心、强烈的责任感、广博的知识引领儿童学会学习，实现发展；在教学教育过程中人道地对待每个儿童，自始至终充满温情，努力唤醒儿童内在的良好愿望，促进儿童的可持续发展。

　　吴正宪老师始终行走在儿童教育研究的道路上，把探索教育教学规律作为自己神圣的使命。自觉的学习、研究、反思、实践是吴正宪工作的根基。她能够以"儿童学习理论""儿童学习数学理论""儿童课堂教学理论"为依据，在课堂实践中努力探索，逐步形成了自身的儿童数学教育特色。教师们和她的每一个课堂故事，都体现出她深厚的专业素养及教育智慧。

　　吴正宪老师始终行走在教师教育研究的道路上，把带起一支优秀的教师队伍当成自己的重要责任。她引领教师扎根课堂，潜心研究，历练成长；她引领教师对"儿童数学教育思想"进行系统梳理、理论建构和实践应用，完善儿童数学教育思想的理论体系和实践策略，提升数学课堂教学质量；她积极开展基于教学实际问题设计及问题解决的互动式自主研修，将教师个体的经验、研究、思考，通过专家引领、同伴交流，互为资源、共同分享，从而提升教师的研究品质和执教能力，促进整个教师群体专业能力的提升。

　　吴正宪是一位乐于助人、有思考又负责任的小学数学教师队伍的引路人。她以先进的数学教育理念，深厚的教学功底，以及独具特色的教学风格，影响着周边的老师们。在她的悉心指导下，一支热爱教育事业、教育理念先进、教学水平精湛的北京小学数学教师团队成长起来。"爱儿童、善教学、会研究、守规律"成为团队的共同努力方向。

　　吴正宪常说"做好老师先得做好人"。书中《小土豆的故事》《我不想让您把我那一笔擦掉》《失败一样有意义》等故事让我们感受到她对人的友善与真情，感受到她独具特色的教育智慧。作为教师，她爱岗敬业，勤奋工作，德艺双馨，深得孩子和老师们的信任与喜爱。作为社会人，她光明磊落，乐于助人，以宽容之心友善待人，获得社会的认可与尊重。她全身心地投入教育事业，在追求高质量事业的同时，也在用心、用情关爱着身边的每个人。

　　吴正宪真心地热爱教育事业，有自己独到的教育理念，能够全面把握学科知识，会反思、会研究。作为一位教育家，她用行动努力践行了党和国家的期待——"师德的楷模，育人的模范，教学的专家"。

2018 年 4 月 12 日

序言3 我的挚友——正宪

　　我与正宪交往三十余年，是名副其实的"忘年交"。前几日，正宪让我给工作站的成员们即将出版的这套书写几句话，作为序或前言。不管是什么吧，我知道，她轻易是不打扰我的。既然这时候要我写几句话，第六感觉告诉我——这是必须的。于是，我就欣然答应了。

　　提起正宪，人们立刻就把一连串的称谓、称号和她联系在一起。这么多年，她得到了各个层面的专家、教师、有识之士的赞美与褒奖。作为她的挚友，我真切地感受到：无论是赞美之词，还是鲜花荣誉，这一切的一切都不为过！而今，我又重温往日的点点滴滴，精心品读她的创作与执著，即使用尽了美好的言语去夸赞她，依然觉得比起真实的她、感性的她，再华丽的辞藻也是那么的苍白。

　　从答应写序开始，我的脑海中不知不觉地翻滚起思维的浪花，时而轻快荡漾，时而汹涌澎湃；心情也是随之时而轻松愉悦，时而暗自伤感。正宪是个纯粹的"师者"，一路走来，历经纷纷繁繁，看似平静，但是在这份平静之下，却又有着难以想象的坚韧与执著。蓦然，我格外地理解了鲁迅先生说的那句话："希望本是无所谓有，无所谓无的。这正如地上的路；其实地上本没有路，走的人多了，也便成了路。"从"无"到"有"，不仅是创新、创造，更是修炼的过程。正宪这几十年就是这样一步步往前走出一条路，创出一条路。除了学生，她心无旁骛，她走出的这条路是任何人无法复制的。让我庆幸和忧虑的就是，正宪只有一个，她独一无二！

　　四十余年的执著求索，尽管太多的无奈写在她的眼中，尽管太多的精力洒在她的昨天，但最终能留下的都是美好的回忆。她的精神给人以指引，给人以力量！

一、剔透初心，宁静致远

"要敢于吃别人不愿吃的苦头，要乐于花别人不愿意花的时间，要敢于下别人不愿下的苦功。"这是正宪对自己的鞭策与激励。正宪一路走来，靠的是刻苦？不，不完全是！靠的是激情？不，不完全是！靠的是拼搏？不，不完全是！

1980年代初，记得那时正宪的家在东城，孩子刚刚两岁多，但是她每天早早地赶到朝阳区我所工作的学校，听我上每天的第一节数学课。听完课，我们简单地交流几句，她就匆匆地赶回当时的崇文区，回到自己的学校给学生上课。就这样寒来暑往，雨雪风霜，从未停止过。听课的日子，她甚至没有晚到过一次！后来，听我课的人越来越多了，正宪时常守在窗外听课。时至今日，教室窗边她那张青涩、白皙的面庞和聚精会神听课的神态，我依然历历在目。

时间似潺潺溪水，温婉地带走光阴的故事，荡涤心中的浮躁。岁月让正宪从一个柔弱的小姑娘成长为一位历经风霜的教学名家。很多人恭敬地称呼她专家，导师，不，我们还是尊重她的选择吧，她无论何时何地都是一位孩子喜欢的教师。

正宪长大了，她说："我再也不是那个只管'传道、授业、解惑'的'平面教师'，而是一个充满情和爱，不仅给他们智慧还能给予他们力量的'立体教师'。"她耕耘在三尺讲台，犹如天使般呵护着每个学生。看到她在教育的田野里奔跑的身影，听到她在教育的田野里欢快的笑声，我感受到了她那份永恒的青春与淳朴，我理解她的辛苦与幸福。

正宪本有很多机会离开清苦的教育行业，去做主任或做区级领导。可她连想都不想一下，始终选择静下心来当教师，当孩子的朋友。她对学生的爱是神圣的，是真诚的。她尊重孩子、关心孩子，孩子融入了她的生命里，她也走进了孩子们的心灵中。在她的课堂上，每位学生都是那么兴奋，都有说不完的话。下课了，孩子们总是意犹未尽，课下想方设法找吴老师汇报交流。

二、师法自然，大道至简

正宪常说："脚踏实地、厚积薄发、善于学习、重视积累、贵在坚持，在教育教学之改革之路上绝无捷径可走。"教育的过程，是一个生长的过程，正宪的数学理念是，让儿童在"好吃"中享受"有营养"的数学学习。她要培养学生的创新精神，唤起学生的创新意识，使学生想创造；她要培养学生的创造精神，使学生敢创造；她要提高学生的创新能力，使学生会创造；她要使学生体验创新快乐，使学生爱创造。"一花一世界"，每个孩子都是鲜活的个体，独有自己的本真。为此，她不断地实践探索，走进每个孩子的心灵。她给予孩子们智慧的同时还赋予他们力量与方向。这是面向"全人"的教育，是"师者"最高尚的生命价值。

不经历风雨，何以见彩虹？她也曾哭过、笑过，她也曾呐喊、彷徨，但是，她从没有停止过对事业的追求。她成功了！她的志向更高远了，她要更多的老师像她那样唤醒更多的孩子。正宪带动万名老师提升，开展送课下乡活动，提供菜单式服务，创造"1+10+n"的教师研修机制。她引领团队从"学术"走向"悟道"，用纯净的心做教育的事，把专业的服务送给最需要的人。她授课的足迹，遍布大江南北，发达的城市、偏远的村寨，她都播撒了汗水、智慧与无疆之"大爱"，她让所有的老师都自信地抬起头来，享受高品位的职业幸福。

我含着泪水品读《跟吴正宪学当老师》《跟吴正宪学教数学》，几度因不忍而欲释卷作罢，而对教育和正宪的那份牵挂又让我欲罢不能。同伴们笔下流淌的文字是朴素的，是真诚的，是动人的，是滚烫的！这是献给正宪的宝贵礼物，也是献给教师的宝贵礼物。

在与正宪同行的岁月里，因为她真诚地和大家一起冥思苦想、潜心研究，一起走进学生心里，一起哭、一起笑、一起享受其中的苦辣酸甜……一次次的打磨，一次次的研讨，一次次的较量，智慧的火花四溅，真挚的激情四射，老师们有了力量，心中有了底，老师们在成长……正宪是大家的战友、兄弟、导师，她以赤诚之心、真挚之情，滋润着老师们。在同行的道路上，她关心着、照顾着每位老师，一批批优秀老师在正宪的带领下迅速成长。她告诉青年老师，优秀老师是摔打出来的，我们可以失败，可以后悔，可以重新再来，我们唯一不可以的就是"放弃"！为了理想努力拼搏，心在远方而路在脚下。

岁月可以改变普通的人，但是也有人可以改变、创造岁月，正宪就是这样的人。她几十年的奋斗，诠释着教育改革的华彩乐章；她精彩的教育生涯，谱写着20世纪中国教育的最强音；她无私无畏地耕耘，在几代人中播下为教育奋斗的种子。

最后，我想借用王国维的话来给我的这篇杂感作收尾："古今之成大事业者、大学问者，必经过三种之境界：'昨夜西风凋碧树，独上高楼，望尽天涯路。'此第一境也。'衣带渐宽终不悔，为伊消得人憔悴。'此第二境也。'众里寻他千百度，蓦然回首，那人却在灯火阑珊处。'此第三境也。"

灯火阑珊处，正宪那清秀的笑脸越发清晰……

马芯兰

2018 年 4 月 2 日

前言 走进吴老师"好吃又有营养"的数学课堂

经常有老师问:"怎么才能像吴正宪老师一样,创造出学生喜爱的数学课堂呢?"作为吴正宪小学数学教师团队的成员,多年来我们也带着这样的疑问,一直在研究吴老师"好吃又有营养"的课堂,寻求吴老师课堂的魅力所在。

一、吴老师的课堂充满"儿童味"

吴老师心中有儿童,她说激发兴趣是引导儿童学习数学的第一要务。她的课堂"教"的色彩很淡,"商量"的气氛很浓,"为什么"很多,留给儿童的"空间"很大,交流互动成为常态;她的课堂让每个儿童都有机会表达自己的想法,"多样的想法"层出不穷,或对或错都会受到保护;她的课堂以"情景问题"为学习的载体,数学活动贯穿始终,每一位儿童的潜能都能得到发挥;她的课堂只有尊重,没有歧视,每一位儿童都能看到自己前行的希望,每一位儿童都有重新跃起的机会。这样的课堂容易使人产生亲切感,这样的课堂充满童趣,儿童会动心、动情,从而拥有自信。

二、吴老师的课堂充满"生活味"

吴老师善于从儿童的生活经验出发,将数学活动置于真实的生活背景中,帮助儿童架设"知识世界"和"生活世界"的桥梁,重建儿童的生活世界。课程规定的数学知识,对儿童来说并不是"全新的",在一定程度上是一种"旧知识"。在她的课堂上,数学不再是冷冰冰的知识,儿童会产生学习的需要,自觉进入学习状态。她善于引导儿童对生活中的"数学现象"进行"重新解读",激活儿童原有的经验，将数学抽象的内容附着在现实的背景中，把无声的"数学文本"演绎成鲜活的"生活文本"，使儿童在数学课堂上享受精彩纷呈的生活数学，感受知识的产生和发展过程，发现和得出结论并逐步学会数学地思考。吴老师善于培养儿童用数学的眼光观察生活的习惯和意识，同时又引导儿童把学到的数学知识运用到解决生活实际问题中去，体验数学在实际生活中的价值，从而更加热爱数学学习。

三、吴老师的课堂充满"智慧味"

吴老师善于用哲学的视角审视数学教学，引导学生沟通知识间的内在联系，将知识连成知识链，构建成知识网，形成脉络清晰的、立体的知识模块，在不断完善学生的认知结构的同时，让学生获得认识事物的普遍方法。她关注儿童的思维发展，努力创造以问题为核心的活动，引导儿童在活动中积累经验，提升观察、猜测、验证、推理及概括的能力。她善于制造、把握和激发学生认识的矛盾，让儿童的思维在跌宕中升华，在解决矛盾的过程中感受智力活动的快乐。她不是简单告诉儿童真理，而是引导儿童探求真理。数学教学不仅要让儿童知道结论，更要带着儿童追本溯源去寻根，去追问数学的本质，让儿童看到显性知识背后的思想和方法。

四、吴老师的课堂充满"人情味"

吴老师用真情诠释每一节课，用爱心唤醒学生的情感，让课堂因为情感而温暖，让儿童感受到学习的过程即是生命成长的历程。教师不仅要传授知识，更要孕育情感，和儿童一起经历生命成长的过程。她不仅满足儿童求知的需要，更满足儿童心理与生理发展的需求，在"自主探究，合作学习，体验学习"中使儿童体验到数学的魅力和数学在生活中的重要价值。她善于捕捉并用专业的智慧巧妙地处理课堂资源，把儿童的探索引向深入，使课堂呈现出灵动的生命状态，流淌着温暖和情义。

吴老师经常说：好课不是说出来的，不是靠观课模仿出来的，好课一定是从心灵深处流淌出来的，好教师一定是在长期的教育教学实践中摸爬滚打历练出来的。吴老师创造了一节又一节儿童喜爱的课堂，听着吴老师与儿童风趣幽默的对话，看着师生时而微笑、时而思考的表情，感受着课堂轻松愉悦的氛围……我们知道这才是大家心中期待的儿童课堂。

为满足众多教师对吴正宪老师课堂教学的学习愿望，我们选取了近年来吴老师经典的 16 个课例，并从一线教师的角度对教学实录进行了分析，同时分享让我们印象深刻的课堂花絮。为能深刻挖掘吴老师课堂的教育价值，我们还邀请专家进行了点评。在整理期间多次得到吴正宪老师的指导，在此向吴老师及各位专家表达我们深深的谢意。

由于水平有限，不能完全呈现吴老师课堂的原貌，不妥之处请读者批评指正。希望吴正宪老师原汁原味的课堂，引发广大一线教师对儿童的再思考，对课堂教学的再思考，对数学教育价值的再思考，对数学本质的再思考。期待每位老师都能努力创造出儿童喜爱的数学课堂，感受做一名数学教师的幸福。

武维民　张秋爽

在生活中寻找数学
——《平移与旋转》课例 [①]

一、创设情境，初步感知

伴随着优美的旋律，吴老师带领学生一起"进入游乐园"，引导同学们边看边用自己的动作和声音把看到的、感觉到的表演出来。屏幕上出现各种游乐项目：摩天轮（师："手伸出来，缓缓地感受感受"）、勇敢者转盘（师："转啊，快来啊，不停地转啊转啊"）、弹射塔（师："蹲下蹲下蹲下，哇——再来，缓缓地蹲下来"）、滑翔索道（师："我们都上来了啊，来一起滑，预备，直直地身体向前，噢——好刺激呀"）、激流勇进（师："预备，斜斜地，冲啊——再来一遍，斜斜地，冲啊——"）、波浪飞椅……一张张小脸露出兴奋的表情，同学们时而发出"嗖——嗖""哇——哇"的声音，时而高举手臂上下移动，时而蹲下起立，尽情地表演着……

师：刚才我们一起走进游乐场，玩了这么多的游乐项目。体会一下刚才运动的状态一样吗？

生：（齐）不一样。

师：谁能说说哪儿不一样？说说你的感受。

生：滑翔索道是直直地往前冲的。

师：直直地往前冲，我们用个词可以叫什么？（紧紧抓住学生的回答追

---

① 课例整理：任运　吴桂菊

问，并且用手势做出平移的动作。）

生:（不约而同地）平移。

生:坐摩天轮的时候是转的。

师:像摩天轮这样的运动方式，你们能给它起个名吗？（用手势表示着旋转的动作）

生:（异口同声）旋转。

吴老师将"平移"和"旋转"板书在黑板上。接着，请六名学生到黑板前，选择自己喜欢的游乐项目，根据运动方式贴在"旋转"或"平移"的下面。很快同学们分完了，看着黑板上的分类结果，吴老师鼓励同学们大胆质疑:"有不同意见的快来哦！"只见一个高个子男生走到黑板前，拿起了激流勇进的图片，说:"这个不是平移，也不是旋转。"边说边贴到了旁边。这时，另一个同学也跑上来，犹豫了一下，最终又把激流勇进的图片贴回到了平移的下面。对于激流勇进到底是不是平移，大家产生了分歧。吴老师把激流勇进的图片贴到旁边，并打了个"？"，笑着对大家说:"不急不急，到底是不是平移，我们先暂且放一放。"

接着，吴老师再次带领学生们"走进游乐园"，一起边做动作边体会旋转和平移的运动特点。吴老师指着观览车说:"观览车是怎么运动的?""它缓缓地围绕着中间的一个点，转呀转，转呀转……"孩子们和吴老师一起做着旋转的动作。"再看小转盘，是怎么运动的？"一个同学说:"中间有个轴，就围着它转。"另一个同学补充说:"正着转，倒着转，都可以。"同学们又做着倒着转的动作。吴老师带着同学们一起总结，只要围绕着中间的点转，就是旋转。

理解了旋转的运动特点后，接下来吴老师带着大家一起观察平移运动。她指着弹射塔的图片，带着孩子们一起用小手做动作，边做边说:"弹射塔，直直地往上，再直直地往下。"然后，观察滑翔索道:"滑翔索道，直直地往前，直直地往后。"此时，同学们知道既可以上下平移，也可以左右平移，进一步体会到物体沿着直线运动就是平移。

[赏析:学生通过观察、模仿不同的运动方式，在分类中初步体会平移与旋转的特点。继而闭上眼想象，用动作表示。同学们在玩中学，在活动中

体会，进一步体会平移与旋转的特点，发展空间观念，并体会到数学就在我们身边。]

二、动手操作，探究理解

1. 动手中理解

在学生们初步理解了平移和旋转的运动特点后，吴老师将一张卡通人物图片贴在黑板中央，并邀请一个同学合作进行演示。吴老师发出第一个口令："向上平移。"学生把卡通人物图片向上进行了平移，接着座位上的学生继续发令"向左平移""向右平移"……讲台上的同学按照口令将卡通人物图片在黑板上移动着……同时吴老师请坐在座位上的同学们闭上眼睛想一想，慢慢感受一下平移的过程，再睁开眼睛进行验证。

吴老师笑着问："左右平移了，上下也平移了，还有人想指挥吗？"这时，一个学生发出口令："斜着平移。斜着，向右上方平移。"边说边走上讲台做出向右上方平移的动作。吴老师追问："这是平移吗？"同学们有的说是，有的说不是。争议产生了，吴老师肯定地告诉同学们这也是平移。接下来吴老师带着同学们继续思考："除了向右上平移，还可以……"吴老师边说边用手做出向左上平移的动作，同学们不约而同地说出"左上"。"还可以……"吴老师做出向右下平移的动作，孩子们异口同声地说"右下"。

[赏析：吴老师引导同学们不断丰富对平移运动的理解——既可以上下平移，也可以左右平移，还可以斜着平移。只要沿着直线运动，平移可以是各个方向的。通过让学生闭上眼睛想象，再睁开眼睛验证，培养学生的空间想象力，发展学生的空间观念。]

在平移过程中，吴老师有意识地引导学生观察图片自身的方向，向右下平移时还故意把图片旋转了一下，问道："这样可以吗？"同学们不约而同地说："不可以。"吴老师说："对，不行的，不是平移，平移是有规则的，这样不叫平移。"她把图片转正后继续平移："这样是平移吗？"同学们齐声说："是！"就这样，同学们发现了在平移过程中，图片自身的方向始终没有发生变化，充分体会了平移运动的特点。

师：（引导学生进行总结）谁能用自己的语言总结一下什么是平移？

生：不能转动。

生：图片不要斜着转。

生：平移的时候图片的方向不能变，位置能变。

……

师：左右直直地运动叫平移，上下直直地运动叫平移，我们还可以斜向运动平移。这个平移是不是比刚开始时感觉更丰富了？

同学们笑着点点头。吴老师用学生容易理解的通俗的语言来帮助学生透彻理解了平移运动的本质。

吴老师又指着刚上课时有争议的激流勇进的图片说："再回过头来看它，到底是不是平移呢？"说着顺势拿出直尺，当成激流勇进滑行的轨道，用手当成坐在上面的小朋友。边做动作边说："沿着斜斜的方向，身体不动，直直地斜着向前移动，又斜又直的运动方式是不是平移？"此时，同学们异口同声地说："是。"这时，高个子男生再次走上讲台，郑重地把激流勇进的图片贴回到平移的下面。吴老师鼓励同学们："这就是学习的过程，学习就是开始是那样想的，但是大家讨论讨论又有了新想法。"

[赏析：旋转的特点容易把握，而平移的本质特点比较隐蔽。吴老师重点引导学生在平移卡通人物图片的过程中思考平移过程中的变与不变，通过想象不断发展学生的空间观念。学生在互动交流中不断体会平移的本质特点。]

2. 举例中深化

为让学生进一步理解平移和旋转的运动特点，吴老师请同学们试着举出生活中平移和旋转的例子。

生：玩滑梯的时候是平移。

生：我想不出来，我就会转（说着他原地转起来了），这就是旋转。

师：（笑着夸赞）真佩服你，想不出来，还能用动作表示呢。

师：看过滑冰吗？运动员一只脚在原地转动，整个身体跟着动，不停地旋转。（学生跟着吴老师的描述旋转起来，再次体会了旋转。）

生：我们的黑板就是平移运动。（说着走上讲台，拉动黑板。）

师：整面黑板正在做平移运动，有了这样的平移运动，我们是不是方便了很多？（同学们会心地点点头）

生：穿着花裙子在镜子面前一转。

师：想象一下，穿上花裙子以一只脚为中心，整个身体转一圈，花裙子也转起来了，很好看哦。（同学们一起想象着）

生：住酒店的时候，我发现酒店的门是旋转的。

师：观察得真仔细啊！

吴老师邀请了一个男孩，笑着说："请你向左平移一步，再向前平移着过来。"只见这个男孩从座位上站起来，向左跨出一步，直直地向前走向黑板。吴老师接着说："请你再平移着回去吧。"因为只能平移，不能旋转，男孩只能倒着直直地退回去了。这时，同学们都笑了。

[赏析：吴老师引导学生举出生活中平移和旋转的例子，在举例过程中让学生们进行想象，发展空间观念，进一步理解平移和旋转的运动特点，不断加深对平移与旋转的认识，同时感受数学与生活的紧密联系。知识的理解自然而然。]

3. 运用中提升

吴老师也带来一些生活中的例子。

首先，屏幕上出现一个有趣的题目：汽车能听你指挥吗？你是一名出租汽车公司的调度员，你的任务就是应客户要求，调度车辆，到达客户出发的地点，你能做到吗？试一试吧！（见下页图）

吴老师提出活动要求：先独立思考小汽车的运动是平移还是旋转；再看它向什么方向移动了几个格子，并把移动的过程记录下来。下面的是顾客A，上面的是顾客B。用橡皮当作小汽车，同桌相互合作，一个接顾客A，一个接顾客B。明确要求后，同学们利用自己手中的学具移动着……巡视中吴老师给予有困难的同学指导和帮助。

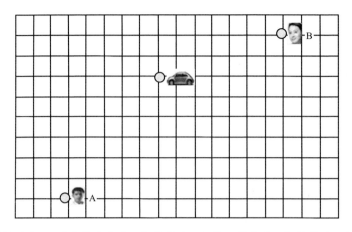

要接顾客A，汽车要先向（　　）平移（　　）格，再向（　　）平移（　　）格

要接顾客B，汽车要先向（　　）平移（　　）格，再向（　　）平移（　　）格

学生的讨论交流开始啦。

生1：如果要接顾客A，汽车要先向左平移5格，再向下平移6格。

生2：我要接顾客A，汽车可以先向下平移6格，再向左平移5格。

生3：我要接顾客A，汽车就向左下平移，斜着过来。

当学生想出多种方法时，吴老师及时给予肯定，并追问生3："你为什么要斜着接啊？"学生说："这样走比较近，节省时间。"吴老师用欣赏的眼光看着他，由衷地赞扬道："太会思考了！如果真有这样一条路的话，不仅可以节省时间还可以省油。"同学们都笑了。在吴老师的启发和鼓励下，同学们打开了思路，为顾客B也设计了多种方案。

此时，吴老师适时小结："平移的时候，要数好格子，还要掌握好路线方向，是向下，还是向上，向左，还是向右。把格子数好，把方向掌握好，这两件事做好了，就一定能完成这个任务。"

[赏析：在方格图中，学生通过学具操作，产生了很多具有创造性的方法，对平移有了进一步的认识，发展了空间想象力。在学生汇报的过程中，吴老师鼓励学生表达自己的想法，学会与人交流、学会接纳和欣赏他人。]

三、解决问题，体会价值

为了使学生进一步认识平移与旋转，吴老师为同学们提供了丰富的生活素材进行辨认：汽车方向盘、水龙头、推拉窗户。

同学们都高高地举起小手争着回答，在交流第三幅图时产生了分歧。吴老师没有急于评判，而是播放录像，请同学们认真观察后再判断。同学们静静地观察着推拉窗户的过程，最终达成了共识——推拉窗户的过程是平移运动。

这时，吴老师问同学们："还有什么问题吗？"一个女孩问："学习平移和旋转有什么用呢？"吴老师笑着表扬："真会思考！下面，我们就来了解平移和旋转到底有什么用。"

吴老师在屏幕上打出了两个话题：

（1）楼房会搬家吗？
（2）聪明的设计家。

吴老师说："我们先一起进入第一个话题。好好地看，看完后说说你们自己的感觉。"大屏幕上播放出上海音乐厅平移 66.4 米的新闻录像。看完录像，同学们禁不住发出感叹："哇！""神了！""太牛了！""不可思议！"……吴老师笑着说："我们人类的智慧就是这样，整栋大楼没有拆，在下面安上轨道，稳稳地向前平移 60 多米，这就是智慧的力量。"同学们发自内心地体会到数学的神奇力量。

师生一起进入第二个话题——聪明的设计家。小明家要安卫生间的门，马桶离门口只有 30 厘米，而门的宽度是 60 厘米，选择哪个门更好呢？是旋转门，还是平移门呢？有的学生用小手做出平移的动作，有的学生做出旋转的动作。吴老师还是说："不急不急，我们一起来试一试。"这时大屏幕出示视频演示，同学们齐声说"开门"，只见平移门很方便地打开了，而旋转门一打开，"咚"的一声，碰到马桶了。吴老师追问："怎么办？"这时一个小男孩说："把门改装一下往外面开"。吴老师不由得赞叹："真会思考！"

[赏析：学生在选择平移门和旋转门的讨论中，进一步提高了根据实际情况进行选择和灵活地运用所学知识解决实际问题的能力。紧密联系生活的数学学习，使学生兴趣盎然，发自内心地体会到数学的价值和神奇力量。]

四、课堂总结，引发思考

课近尾声，吴老师问同学们："通过今天的学习，最想说的是什么？"同学们不仅说了对平移与旋转的认识，发出了对数学神奇力量的由衷感叹，更遗憾于课堂的短暂。还有同学提出了想继续了解更多的有关平移与旋转的知识……吴老师为同学们提供了一个网址，告诉同学们在这个网站上有更多有关平移与旋转的知识，并鼓励他们到网上去浏览，继续学习。

下课铃声响起，同学们仍意犹未尽。"你们就一个个平移着回去吧，也可以旋转着哦！"在吴老师轻松幽默的话语中，同学们恋恋不舍地离开了教室。

| 评 析 |

《平移和旋转》是数学课程标准"图形与几何"这一领域中的一个新内容，吴正宪是第一次执教，我也是第一次观看。当我听说在这次"第二届吴正宪、潘小明教学艺术研讨会"上，吴正宪这次展示的课，除了有我原来观看过的《平均数》以外，还有一堂新的展示课——《平移和旋转》时，我感到兴奋。同时也直观地感到吴正宪确实是踏着时代的步伐在前进。今天，在实施课程标准的实践中，她没有仅仅停留在理念的学习上，而是把内化了的理念通过课堂教学的实践活动外化出来，表现出来。我认为一个人学习的关键在于把学习到的理念体现在外化行为中。吴正宪不仅把原来她上过多次的课在今天根据课程标准"三位一体"的教学目标，学生"自主、合作、探索"的学习方法重新加以设计，而且勇于选择过去没有上过、课程标准新增

加的内容来作新的探索。我内心为她这种勇于不断作出新的尝试、新的实践的精神而喝彩。在过去的 10 年中，她不断地学习、实践、反思、再实践，她能把小学数学教研员这一平凡的工作做得非常出色，这就使得这 10 年不平凡了。

就《平移和旋转》这一节课的设计和教学过程来看，我的思考是：

首先，教学目标的定位准确。平移和旋转，应该说是培养学生空间观念的一个很重要的内容；从儿童空间知觉的认知发展来说，则是从静态的前后、左右的空间知觉进入感悟平移和旋转这一动态的空间知觉。这是培养空间观念的基础，而空间观念是创新精神所需的基本要素。没有空间观念，就几乎谈不上任何发明创造。平移和旋转，在现实生活中，学生经历过，也有一种切实的感觉，只是不知道这两个专门的术语。在小学阶段，课程标准只要求学生从实际生活出发有一个初步的感受就可以了。因此，吴正宪把本课的教学目标确定为：通过学生对生活中平移和旋转现象的再现、教学中的活动与分类，让学生感受平移和旋转，在此基础上，使学生正确区分平移和旋转，体验平移和旋转的价值，培养学生的空间想象能力；同时，感受数学在生活中的广泛应用，体会数学与日常生活的紧密联系。这个目标既符合儿童空间知觉认知发展的特点，又符合课程标准的目标。

其次，她创设了有效教学的情境和策略。科学的教学策略是达到教学目标的手段。在本节课中，吴正宪以多元智慧理论为指导，在课堂情境上，一方面采用了个人思考与合作交流相结合的方式，另一方面让学生充分应用多种感知通道来感悟平移和旋转的特点，让学生回忆生活中的平移和旋转现象，观看游乐园中的活动场面，生动、直观地感悟平移和旋转，进而又通过动手操作和活动进一步探究平移和旋转。这里特别要提出的是，教师呈现一幅带格的平面图，学生要把自己想象成一位汽车调度员，要在平面图上调度车辆，到达顾客出发的地点。这是一个促使学生应用智慧的设计，因为让学生在方格纸上数出平移的格数，实际上是让学生更直观地强化对平移的感知。课的最后，教师设计了"楼房会搬家吗？""聪明的设计家"两个话题，又让学生在初步应用新知中感悟数学与生活的关系。总之，整个情境的创设体现了生活实践数学化、数学概念实践化这样两个转化，即学生在一堂课中初步完成了个体在认识上从感性到理性又从理性回到感性这两次飞跃。这也是当今以人的发展为本的科学教育发展观的理念的体现。

再次，本节课也体现了吴正宪一贯的教学风格——尊重每个学生，让每个学生喜欢教师，喜欢数学课。总之，师生是在民主、友好的氛围中，通过课堂教学的人际多边互动活动，高高兴兴地感悟数学的魅力和价值的。

最后，我想说的是，在吴正宪身上体现了以下一、二、三。一是她总有一个目标——明天比今天更美好。达成这个目标的前提是，抓住今天，脚踏实地地过好今天。二是两个翅膀、两本书。她具备一个人成功的两个翅膀——"爱"和"会"。她爱生活，爱教师职业，爱数学学科，爱每一个学生。她也会生活，会当教师，会教数学学科，会爱每一个学生。"爱"和"会"的良性循环就促使她总是那么充满青春活力和追求。另外，她读好了儿童需要这本书，同时也用她模范的言行写好了以身作则这本书。三是三"天"、三个"我"和三句话。三"天"是指她能求实地反思昨天、自信地面对今天、理智地展望明天。三个"我"是理想中的我、现实中的我、别人心目中的我。这三个"我"，对吴正宪来说，有相当大的吻合度。三句话是：我是重要的；我是能干的；我是快乐的。我想这个一、二、三将伴随着她的人生足迹，让她在人生之路上走得更扎实、更精彩——用她的成功去激励年轻教师和学生们比她更成功。

（中科院心理研究所研究员、教授、博士生导师　张梅玲）

课堂花絮

"我想每天都看到您"

2013 年夏天，吴老师来到北京小学长阳分校，给二（1）班的孩子们带来了一节趣味十足的数学课《平移与旋转》。下课了，一个男孩依依不舍地对吴老师说："我爱上您的数学课！我想每天都看到您，听您的课！"听着这个孩子的话，在场的每一位老师都深深地感动了。

说起这个孩子，大家都喜欢叫他"小石头"，要知道他可是一个让老师非常头疼的"石头"。平时的他上课总是没精打采的，如果遇上他感兴趣的内容，则会不管不顾地想说就说，如果老师不叫他回答，他还会大发脾气。没想到，真是没想到，这块"石头"居然在上完吴老师的课后说出了这样动情的话，那一定是真情流露。这到底是怎么回事呢？究竟在课上发生了什么？

上课前，吴老师一眼就看到"小石头"趴在桌子上，她走过去，摸着"小石头"的头温柔地说："不舒服吗？""小石头"抬起头，和吴老师对视的时候，他的目光也变得温柔，他摇摇头说没有不舒服，并挺直了腰板。上课了，奇妙的变化发生了，"小石头"没了以往的懈怠，而是紧跟吴老师的思路，积极投入到学习中，还有好几次精彩的发言，吴老师都给予了充分的赞扬和鼓励。"小石头"笑了。

吴老师用温柔的眼神、亲切的抚摸、平等的交流向儿童传递着老师的爱与信任，温暖的教育自然走入学生的心灵。这就是吴老师，她总是能发现我们没发现的，关注我们没关注的，自然改变我们难于改变的，这一切源于吴老师对儿童的理解。

是啊，这样的老师上的精彩的课谁舍得下课呢？谁不想如"小石头"般"每天都看到您"呢？

（北京小学长阳分校　高亚娟）

② 在游戏中理解"倍"

——《倍的认识》课例①

一、课前游戏，激发兴趣

上课铃响，吴老师面带微笑地说："同学们上课之前我们先做一个小游戏，好吗？"学生们的眼神立刻明亮了起来，吴老师见状说道："愿意和我做游戏的孩子们来呀！"一位男生面带羞涩地走上讲台，吴老师摸着男生的头鼓励道："我真喜欢你，你叫什么名字？但是你一个人不够。"吴老师的热情和友好让同学们瞬间充满了信心，纷纷走上讲台。"真好，真好呀！够啦！"大家乐呵呵的。

看着来到讲台前准备做游戏的同学们，吴老师说道："听好啦，我们玩的是抱团团的游戏，什么叫抱团团呢？我写几，几个人就抱团团。还得一团一团地让我们看清楚哦！"只见吴老师迅速地在黑板上写了"3"。台上的同学们快速地寻找着身边的同伴，3 个人抱成了一团。"数数有几团了。一起数……"这时候出现问题了，吴老师微笑着走过去说："你们怎么了？"一个男生说："这一团是 4 个人了。"吴老师说道："那有什么办法吗？"一个男生主动地说："老师，我先出来吧。"吴老师笑着拉起男生的手说："你真懂得谦让。"这时吴老师再次问道："现在是几个人一团了？""3 个一团。""谁再跟我俩加一团？快来呀，就差一个了。"一位离得近的同学，快速跑上台来，

---

① 课例整理：张艳　任运

和他俩抱在了一起。吴老师问道:"现在有几个团,每个团有几人?"学生们和老师一起数着:"一团、两团、三团、四团、五团。""每个团有 3 人。"看到这一幕,同学们不约而同地鼓起掌来。

接下来吴老师在黑板上写了"4",学生们赶紧开始抱团了,大家一起数:"一团、两团、三团……"数到最后,还剩两个人,吴老师笑呵呵地鼓励道:"其他人快再来呀。"这时候跑上来了两个同学和剩下的两个同学抱在了一起。"这四个同学又抱成了一团,每个团一样多吗?"同学们异口同声:"一样。"吴老师带着学生们一起一团一团地验证——

师:第一团几个人?

生:4 个。

师:第二团几个人?

生:4 个。

师:第三团几个人?

生:4 个。

师:第四团几个人?

生:4 个。

师:一共几个团了?

生:4 个团了。

同学们沉浸在思考中。

[赏析:吴老师利用课前交流的时间,和同学们一起玩了几次"抱团团"的游戏。在愉悦的氛围中,不仅拉近了和同学们之间的距离,同学们之间也建立起了良好的互信关系,同时为本节课"倍的认识"的学习作好了充分的孕伏。]

二、发现问题,提出问题

游戏结束后,吴老师故作神秘地说:"今天吴老师跟在座的小朋友们讨论一个问题。"她转身在黑板上写了一个大大的"倍"字,学生纷纷读出:"倍。"吴老师接着问:"认识啊,还知道它什么?"没有人吱声,吴老师接着引导:"就认识这个字呀?"这时一个学生小声地说道:"几倍。"吴老师赶紧抓住这个机会:"几倍,很好。你还想问我什么?"在吴老师的鼓励下,学生纷纷提出:"几倍是多少?""什么是1倍?""10倍是多少?""什么是倍?"……

面对学生提出的诸多问题,吴老师说:"对呀,我们只认识这个字还不行,还得研究你们刚提出的:什么是倍呀?倍,你为什么来到我们的课堂呀?你想帮助我们做点什么呢?同学们真会提问题,我们就从这里说起。"

[赏析:发现问题、提出问题的能力是创新能力的基石。上课伊始,吴老师鼓励学生提出自己想研究的问题,培养学生发现问题、提出问题的能力,并对学生提出的问题进行梳理,提炼出本节课要研究的问题,智慧地把学生的思维聚焦到探究倍的本质上来。]

三、创设情境,建立概念

吴老师把2只公鸡的图片贴到黑板的上方,说道:"我这里有2只鸡爸爸,还来了一些鸡宝宝。"吴老师把6只鸡宝宝的图片贴到公鸡的下面。这时,下面有同学小声地嘟囔:"3倍。""小鸡是公鸡的3倍。"……吴老师停了下来,静静地听同学们说自己的想法。

等同学们表达完了,吴老师引导说:"你看到了鸡爸爸有几只?鸡宝宝有几只?你发现了什么?"一位同学说:"鸡爸爸比鸡宝宝少4只。"紧接着另一位同学说:"鸡宝宝比鸡爸爸多4只。"

吴老师肯定了两位同学的想法并加重语气说:"对了,这是我们过去学习的知识,今天我们能不能换个角度呢?"同学们眉头紧锁,疑惑地看着吴老师。吴老师读懂了同学们的表情,亲切地说:"不急,不急。"她走到黑板前把两只鸡爸爸圈了一个圈,引发同学们思考:"假如吴老师把它们用一个圈圈起来,这一圈就像我们刚才抱的一个团,或者叫一个……"这时,几位学生抢着说:"小组。"吴老师赞许地说:"对呀,这样鸡爸爸就成为一组了。"她放缓语速,慢慢地问:"如果2只为一组的话,你们的小眼睛还能看到组吗?"同学们纷纷举手,吴老师请一位小男生来到黑板前,询问道:"你还能找到别的组吗？"只见男生把两只鸡宝宝圈在一个圈里，共圈了3次。随着男生的圈画，吴老师引导同学们："这又是一组了，这又是一组了。"

师：（笑看小男生）他就这样画了几组圆圈，你们有什么问题吗？

生：为什么2只圈一组，不3只圈一组，4只圈一组呢？

师：对呀，你们怎么想到把2只鸡宝宝分为一组的呢？为什么非得是2只呢？

面对学生提出的问题，吴老师并没有急于回答，而是退到一边，微笑着把话筒递给了身边的学生。

生：因为鸡爸爸就是2只为一组，所以鸡宝宝也得是2只为一组。

生：鸡宝宝每组的只数要和鸡爸爸每组的只数一样，都是2。

师：真会观察，他会看标准。抬头看两只公鸡为一组，所以也跟着什么？

生：也跟着把鸡宝宝2只2只地圈成了一组。

师：对了，他之所以把2只鸡宝宝圈一组，是因为看到了鸡爸爸是2只一组的。

吴老师向同学们竖起了大拇指。

接下来，吴老师继续把学生的思维引向深入："现在，鸡爸爸和鸡宝宝之间的关系就有了另外一种说法。"话音刚落，教室里响起了一两个弱小的声音："倍。"吴老师手持话筒，快速走到学生面前，鼓励学生自信地说出自己的发现，并邀请他给大家讲一讲"什么是倍"。

学生来到黑板前，像吴老师那样一边画圈圈一边数着："鸡爸爸是2只一组，对吧？现在鸡宝宝有这样的3个2。所以鸡宝宝是鸡爸爸的3倍。"另一位学生强调："鸡宝宝的只数是鸡爸爸的3倍。"吴老师紧接着把这句话写到了黑板上，并带着学生数一数3倍在哪，适时夸奖道："我特别喜欢这个同学，还拿出手来比一比，1倍在这呢。"听到吴老师的夸奖，其他同学都跟吴老师一起举起小手边圈边数："1倍、2倍、3倍。"在吴老师的倡议下，学生们一起画着、数着，感悟着、理解着。

这时，一位学生说："这就是鸡宝宝的抱团团游戏，鸡宝宝有这样的3团，就是3倍。"吴老师抓住这一契机，说道："你能联系到我们抱团团的游戏想倍的问题，真好！那就请你到前面来说说，你说的团团在哪呢？有几团呢？"学生走上前来，一边指着黑板上的图片，一边讲了起来："这是一团，这是两团，这是三团。"吴老师高兴地说道："原来倍呀，就是我们所说的团。刚才我们是 3 个人抱一团。现在是 2 只抱一团，一团就是 1 倍，两团就是……三团就是……"学生齐声回答："2 倍。""3 倍。"

　　课堂思维的火花不断迸发。吴老师借势增加了 2 只鸡宝宝，引导学生思考："现在鸡宝宝又来了两只，怎么办？"吴老师还是请学生来解决这个问题，学生手持粉笔，把新来的 2 只鸡宝宝圈在了一起。吴老师依据学生圈的结果追问："还是以鸡爸爸为标准，现在有几个 2 了？"同学们争先恐后地回答："有 4 个 2 了。"吴老师继续追问："那该怎么说呢？"学生异口同声地说："鸡宝宝的只数是鸡爸爸只数的 4 倍！"吴老师又邀请学生到黑板上指一指 4 倍在哪里，一位学生高兴地跑到黑板前给大家指出 4 组鸡宝宝："这是 1 倍，这是 2 倍，这是 3 倍，这是 4 倍。"另一位学生说道："1 团就是 1 倍，2 团就是 2 倍，3 团就是 3 倍，4 团就是 4 倍。"吴老师接着说道："对了，4 倍就是你们说的……或者叫作 4 个……"学生齐声答道："4 团。""4 个小组。"兴致使然，吴老师也学着学生的样子，用"抱团"的动作来表示"倍"。同学们对"倍"已经越来越有感觉了。

　　话锋一转，又出现了新问题，吴老师说："这位同学刚才就给我出主意呢，他要把鸡爸爸增加一只。"身边出主意的学生迫不及待地把增加的鸡爸爸贴到了黑板上。吴老师似乎很着急地说："这下可麻烦了。"几个学生信心满满地说："不麻烦。"吴老师故作为难地问："可是这里有 3 只鸡爸爸，你想让鸡宝宝是鸡爸爸的几倍？请大家给老师出个主意。"一位女生说："我想让鸡宝宝是鸡爸爸的 2 倍。"

　　吴老师把这个问题又抛给了学生："现在鸡爸爸 1 倍是几只？"学生齐说："3 只。"吴老师接着追问："鸡宝宝要是鸡爸爸的 2 倍，你们有什么办法吗？"一位女生走上讲台，吴老师引导："3 只是一倍，得是两倍。"女生说："拿下 2 只鸡宝宝，我就有办法了。"吴老师鼓励道："好呀，让我们一下子就看出来，3 只是一倍，有这样的 2 倍。"

　　只见女生拿下了 2 只鸡宝宝，并把 6 只鸡宝宝放在了一个大圈里。

师：大家看一看，这个办法能让我们一下就看出来鸡宝宝的只数是鸡爸爸只数的 2 倍吗？

生：我觉得不能，可以将大圈里的 6 只鸡宝宝用一条竖线把它们平均分成 2 份。

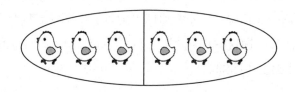

师：真好！谁要是有更好的办法就上来接着改。

生：我把 6 只鸡宝宝分成 2 个 3，就是 3 只鸡宝宝是 1 份。

师：你问问大家，这次怎么样？

生：这次怎么样？

同学们连连说好，吴老师立即采访一位同学，她加重语气问："你为什么这么使劲儿地点头啊！"

生：这两个圈圈能让我们一眼就看出来鸡宝宝是鸡爸爸的 2 倍。

师：老师再帮帮你们，鸡爸爸一圈是几只呢？要想鸡宝宝是鸡爸爸的 2 倍，一团就得是几只呢？

生：（齐）一团就得是 3 只。

师：我们真得摆成一团，摆得紧凑一些，把圈画得漂亮一些。

在吴老师的引导下，讲台上的学生一起合作动手摆、画。吴老师随着学生的动作解释道："这是一团，有 3 只；这又是一团，又有 3 只。"

师：为什么把 3 只鸡宝宝圈一圈呢？你能告诉我吗？

生：鸡爸爸是 3 只一团，要想鸡宝宝是鸡爸爸的 2 倍，所以鸡宝宝也得是 3 只 3 只地抱成一团。

师：（适时引导）我们把团换成倍，来再说一遍。

生：因为鸡爸爸的一团是 3 只，3 只就是 1 倍。

师：鸡宝宝是鸡爸爸的 2 倍，就得有几个 3？

生：2 个 3。2 个 3 有两团，就是 2 倍。

随着对倍的深入理解，同学们不断产生新问题。黑板前的学生问道："鸡宝宝要是鸡爸爸的 3 倍呢？"吴老师惊讶地说："对啊！鸡宝宝要是鸡爸爸的 3 倍呢？你们会摆一摆这些图吗？"一位学生走上讲台，在原图上又加上了 3 只鸡宝宝，并画上了圈圈。

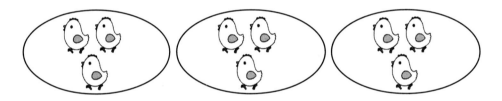

师：告诉大家，又摆了几团？一团有几只？

生：又摆了一团。一团有 3 只。

师：现在一共有几团了呢？

生：3 团。

师：3 团我们就说鸡宝宝是鸡爸爸的……

生：3 倍。

吴老师看到学生们的感受逐步深刻，便引领学生进行概括："同学们，你们现在对倍有感觉了吗？倍到底是什么啊？"

生：倍就是团，一团就是 1 倍。

生：倍就是组，一组就是 1 倍。

生：倍就是份，一份就是 1 倍，两份就是 2 倍。

吴老师接着故作神秘地和同学们说："一会儿你们看到黑板上变成了几倍，就悄悄地举起几根手指来。"吴老师又摆了 3 只鸡宝宝，并圈上了圈。

同学们都举起了 4 根手指，一起说："4 倍。"

师：（追问）谁是谁的 4 倍？

生：鸡宝宝是鸡爸爸的 4 倍。

师：能告诉我为什么说鸡宝宝是鸡爸爸的 4 倍吗？

生：3 只鸡爸爸是一团，鸡宝宝有这样的 4 团，所以鸡宝宝是鸡爸爸的 4 倍。

师：学着吴老师说一遍，3 只鸡爸爸为一份，鸡宝宝有这样的 1 份、2 份、3 份、4 份。所以说鸡宝宝的只数是鸡爸爸只数的 4 倍。

吴老师赞许地说："是啊！我们终于认识了'倍'这个新朋友。其实就是我们刚才说的'团'，以前所说的'份'。3 只为一份，有这样的 3 份。"

[赏析："单位化"是学生理解"倍"的关键，吴老师巧妙地通过"抱团团""画圈圈"等儿童感兴趣、易理解的方法，帮助学生借助熟悉的"份""组"来理解新概念"倍"的本质。逐层深入的环节设计，使学生向"倍"的本质一步一步走近，但过程不是被动的、枯燥的，而是主动的、有趣的。这就是吴老师所倡导的"好吃又有营养的数学"。]

四、经历变式，巩固概念

新一轮的思考开始了。吴老师说："我们来做个小游戏吧！认真倾听吴老师拍手，你拍的次数要是吴老师的 3 倍。"吴老师立刻拍了两下手。随后，教室里便响起学生杂乱的掌声，吴老师微笑着说："不急，不急！你拍的还得让人一下就听出来是吴老师的 3 倍！"给了学生思考时间后，吴老师一声"开始"，教室里响起了两下为一组的整齐的拍手声。

看到学生玩得很高兴，吴老师顺应学生的兴趣："同桌也做一做这样的拍手游戏吧！"同学们高兴地"玩"了起来。

游戏过后，吴老师又设置了摆一摆的活动，提出要求说："请大家用手中的学具摆一摆，并说一句带有'倍'这个字的话。请你们静静地思考，静静地操作。"同学们纷纷动起了小手，积极地摆着、思考着。吴老师一直弯着腰巡视着，看到有需要帮助的同学时会低头与其轻声耳语，看到摆得好的同学时会轻轻地摸摸他的头。她始终微笑着关注着每一位同学。

看到同学们都摆完了，吴老师展示了两位同学的作品。

吴老师说："请大家仔细观察，这两幅作品分别是什么意思，你们能读懂吗？"一位学生说："第一幅表示鸡宝宝是鸡爸爸的3倍。"吴老师紧接着让学生们伸出小手指一指3倍在哪里："这是1倍，这是2倍，这是3倍。"另一位学生紧跟着说："第二幅表示鸡爸爸是鸡宝宝的2倍。"吴老师继续引导学生深入思考："两幅作品有什么不同呢？"学生稍有迟疑，然后答道："第一幅图鸡爸爸是1份，第二幅图鸡宝宝是1份。"吴老师赞许地说："就是这样啊，两幅图的标准是不同的。"

静静地思考过后，吴老师又引导同学们进行了第二次抱团团的游戏。吴老师说："我想请3位小客人到台上来。他们为1倍，可以吗？抱好团团，小主人的人数要是他们的1倍，来几个人抱团团呢？来呀！"3位小主人高兴地来到台前抱好1团。吴老师问道："现在小主人是小客人的几倍？"学生齐声回答："1倍。"吴老师继续增加难度："小主人的人数要是小客人的3倍。快，还要来几个人抱团团，来呀！"台下的学生又上来6人，抱起了两个团团。吴老师话锋一转："台上留下2名小主人，小客人要是小主人的3倍，怎么抱团团？小客人快来呀！"学生们很快就按照要求抱好了团团。"如果吴老师也上去了，怎么办呀？"学生们高兴地数着，抱着。

快乐的40分钟，很快就过去了。吴老师总结说："这节课，我们从抱团团开始，又从抱团团结束，原来'倍'呀'倍'，你就是我们生活中的一团团、一组组、一份份。同学们，数学多么有意思呀！下课了，愿你们今后就像今天这样在生活中学数学，在游戏中学数学，在彼此交流中学数学。"

[赏析：要经历变式，才能对概念有真理解。在练习环节，吴老师引导

学生操作图片摆出多种倍数关系，并让学生继续抱团团，多次打破平衡形成反例。在实例的不断扩充中，在正例与反例的辨别中，使学生巩固概念、感悟本质，在实践中体验、在体验中思考、在思考中感悟、在感悟中理解。]

评　析

层层深入理解"倍"的意义

"倍"是小学数学中的重要概念，它是乘法和除法意义的进一步拓展，倍的本质是几个几，它与分数、百分数、比之间有着密切的关系，是学习这些概念的基础。用倍可以解决的问题有：求一个数的几倍是多少；求一个数是另一个数的几倍；已知一个数的几倍是多少，求这个数。如果在首次认识倍时理解不深刻，就会导致将来在解决问题时"见倍就乘"，如果学生能建构清晰的概念，会为将来的学习奠定坚实的基础。

对于二年级小学生来说，理解倍的意义还比较抽象，如何在教学中适应学生学习和思维的特点，让学生理解倍的意义呢？如何引领学生从具体到抽象，在学习中能逐渐去除非本质属性，把握倍的本质属性，理解倍的意义呢？吴老师在这节课中给我们作了很好的示范。吴老师在教学时，从游戏入手，用生活引路，引领学生层层深入，一点点走进倍、理解倍。

一、游戏贯穿，充满童趣

一上课吴老师就带领学生做起了抱团团的游戏，这样不仅激发了学生的学习兴趣，也在不知不觉中向学生渗透了一团、一组的概念，而这正是认识倍时重要的标准量"一份"的基础，游戏的设计看似简单实则是用心之举。由于采用了游戏的形式，学生记忆深刻，为学习倍打下了基础。游戏的作用在后续学习时得到了印证，在学习鸡宝宝的数量是鸡爸爸的几倍时，一位学生就说："这就是鸡宝宝的抱团团游戏，鸡宝宝有这样的3团，就是3倍。"学生在学习中果真联系了抱团团的游戏进行理解。在课堂即将结束时，吴老师又和学生一起做了抱团团的游戏。这次和课始的游戏不同，通过变化一倍量和几倍量让学生深刻理解倍的意义，加深对概念的理解。

在学习过程中，吴老师适时采用画圈圈和拍手等游戏，引导学生进行理解，并经常运用儿童的语言鸡爸爸、鸡宝宝、抱团团、画圈圈等，让学生感觉学习的过程就是游戏的过程，在不知不觉中就理解了倍的意义。吴老师用游戏贯穿学习的始终，使学习从游戏开始又在游戏中结束，让学生在玩中学数学，使学生对数学学习充满兴趣，加深了对倍的理解。

二、步步深入，理解丰富

倍的认识对于学生来说之所以困难，是因为学生很容易看到表面的数据，还不能准确地把握数据之间的联系。本节课正是要引领学生通过观察数据，发现数据之间的关系，引导学生透过现象看本质。吴老师根据儿童的认知特点，一步步引领学生深入理解倍的意义。

第一步，提出问题。一上课吴老师在黑板上写出了一个大大的"倍"字，在学生识字后，问学生还知道它什么。在吴老师的引导下，同学们提出了"几倍是多少？""什么是1倍？""10倍是多少？"等问题。在没有正式学习之前了解学生的认知基础，并聚焦了要解决的问题，为后续理解奠定基础。

第二步，明确标准。在学生提出问题后，吴老师创设了鸡爸爸和鸡宝宝的情景，她并没有急于引入倍，而是对鸡爸爸和鸡宝宝的数量进行比较，围绕着为什么要两个鸡宝宝画一个圈组织学生进行讨论，明确要以鸡爸爸的数量为标准来确定鸡宝宝的分组，从而引导学生认识了两个数量的关系可以用倍来表示。

第三步，感受变化。在学生初步认识了倍以后，吴老师引导学生在变化中深入理解。吴老师把"变化"分为两类：一类是标准不变，也就是鸡爸爸的2只不变，被比较的量鸡宝宝的数量发生变化；第二类是被比较的量不变，鸡爸爸的只数从2只变成3只，而鸡宝宝的数量不变。直接通过对这两类"变化"的探讨来进一步认识倍，对很多学生来说有一定困难，所以教学中借助直观模型，以及"圈画"活动，帮助学生进行理解。基于这样的理解过程，当吴老师问"同学们，你们现在对倍有感觉了吗？倍到底是什么啊？"时，学生们说："倍就是团，一团就是1倍。""倍就是组，一组就是1倍。""倍就是份，一份就是1倍，两份就是2倍。"

第四步，比较理解。吴老师展示了两位同学的作品让大家比较有什么不同，学生思考后答道："第一幅图鸡爸爸是 1 份，第二幅图鸡宝宝是 1 份。"标准量不同，倍数关系也不同。

第五步，归纳概括。让学生结合具体的数量比较过程，归纳有关倍的含义，概括倍的本质特征，进一步深刻理解。

在整个教学中，吴老师注重让学生不断积累感知经验，在具体形象中逐步感悟概念的含义，并逐步对相关数学活动经验进行归纳和提升，以达到对概念本质的深度理解。

三、感知联系，整体构建

倍的概念虽然是首次学习，但倍的概念与学生已经学过的相关知识间存在着很多的内在联系。因此，吴老师在教学过程中，关注知识之间的联系，首先让新建的概念纳入学生原有的认知结构中，从而加深对概念的深度理解。在引入倍的概念时，吴老师先让学生找出两个量之间的关系，学生很快找到相差关系，从求两数相差多少的比较，过渡到用"倍"来进行比较，体现从"差比"到"倍比"的发展需要。在新知学习时，首先从乘法的基本含义"几个几"入手，通过"1 份"和"几份"的比较，建立倍的认知模型，构建倍与乘除法意义的联系。然后通过变式练习活动，分别改变几份数和改变一份数，教授应用倍解决实际问题的方法。在"1 倍"的处理上，将"1倍"与"同样多"相联系，并进一步明晰"1 倍"和"几倍"的关系，结合数量的变化过程，直观地搭建起倍与乘法、除法之间的联系。这样构建知识的联系发挥了倍在小学数学学习中的重要作用，为今后的学习奠定了基础。

总之，倍是两类事物的量的比较中的一种关系，学生理解起来要依靠感性的材料。要从"众多的事物中抽取出共同的、本质的特征，而舍弃其非本质的特征"，以完成对抽象概念"倍"的把握，从而实现从"直观模型"到"抽象数量关系"的转化，使学生在不断的抽象中实现一次次理性的飞跃。

（北京市房山区教师进修学校　武维民）

"我也要得100分"

"吴老师，等等我，我也要得100分。"当吴老师上完课，即将离开学校的时候，一位胖胖的小男孩拿着他的作业本气喘吁吁地追了出来。

这一幕发生在北京房山深山区的一所小学。这所学校地处偏僻，二年级只有8名学生。吴老师根据这种情况，在上课过程中，和孩子们组成了学习小组进行讨论式学习。

课堂上，吴老师和同学们时而深思探究，时而激烈讨论，大家都沉浸在愉悦的学习氛围中。就在吴老师给每位同学订正最后一道习题时，一个被吴老师唤作"小胖胖"的小男孩可有点着急了，他没有像大家一样得到"100分"。吴老师告诉他不要着急，并耐心地给他讲解了题目。

不知不觉下课铃声响起，孩子们依依不舍地与吴老师告别。没想到，"小胖胖"一直没放弃，课下加劲努力，不断修正错误，在吴老师临上车前追出来交上了自己的作业。吴老师捧着作业本，一边表扬"小胖胖"一边写上了大大的"100分"。这时，小男孩和吴老师脸上的笑容竟是那么相像，都充满了童真和快乐！

吴老师的课堂总是能够使儿童自身迸发出学习的欲望，让儿童爱上数学课堂，爱上数学学科。她心中装着每一位学生。一切从儿童出发，站在儿童的角度教数学，是吴老师的儿童数学教育观，她也在每一节课上践行着这样的儿童数学教育观。她的课堂一个学生都不放弃。

（北京市房山区教师进修学校　高冬梅）

3 画出来的"关系"

——《解决问题》课例 ①

一、创设问题情境，明确比较关系

"同学们，你们好。老师先给大家介绍两个和我们一起上数学课的朋友——猴哥哥和猴弟弟，它们既聪明又可爱。一天，猴弟弟摘了 4 个桃子，猴哥哥要跟弟弟开个玩笑，它想：我摘了 7 个桃子，但是我不能直接告诉弟弟。你们猜一猜猴哥哥是怎么说的。"（出示课件）

哥哥和弟弟一共摘了多少个?

"我们听听这个猴哥哥是怎么说的。"吴老师请一位小男生来说，只见他一本正经地说道："弟弟呀弟弟，我比你多摘了 3 个桃子呢。"全班一片笑声，吴老师也跟着笑了，边笑边说："哥哥还就是这么说的。我就把你说的

---

① 课例整理：陈俐颖　马丽莉

这句话，记录下来。"吴老师在黑板上贴上"哥哥比弟弟多摘了 3 个"。

这时又一个"猴哥哥"举起了手："弟弟，你比我少摘 3 个桃子。"吴老师肯定地点点头："对，这个关系我们可以从不同的角度来叙述，不管是这样说还是那样说，哥哥都是比弟弟……"孩子们异口同声地接道："多 3 个。"

[赏析：吴老师借助情境把知识的来龙去脉展现在学生面前，促使学生进行思考、分析，促进学生利用知识的内在联系进行迁移，使条件与问题的结合在自我思索中悄然而成。这样的数学活动激发了学生的兴趣，调动了学生的积极性，将学生推向自主学习的舞台。]

二、紧扣数量关系，寻求解题方法

1.整理信息，明确条件问题

吴老师微笑着继续说道："同学们，一个新问题出现了。此时此刻，来了一个智慧人（吴老师在问题与已知条件之间画了一个小智慧人）。他先看了看题目：弟弟摘了 4 个桃子，哥哥比弟弟多摘了 3 个桃子。然后又往后看了看，要求什么？（师生齐读）哥哥和弟弟一共摘了多少个？把条件和问题弄明白了，接着，他使劲地想：我该先做什么呢？ 如果你是智慧人，你会对大家说什么？"

一位学生站起来说道："同学们，你们应该把哥哥采了多少个算出来。"

吴老师接道："对，有可能，智慧人可能会这样喊：得先把哥哥的求出来，不然可就……"

"麻烦了。"

吴老师站在条件和问题中间，装扮成智慧人，看了后面的问题"一共摘了多少个桃子"一眼："想一想，小智慧人又会喊什么？"

"同学们，要想求出一共摘了多少个桃子，得把弟弟的桃子数和哥哥的桃子数加起来。"

吴老师接着说道："对，小智慧人真会思考。那就请你带着这些思考把题目中的数量关系用图画出来，再仔细看看它们之间到底有怎样的关系，然后自己列式解答。"

2. 巧设辩论，明晰数量关系

孩子们在纸上涂涂画画，思考悄然生成。吴老师在同学们中间指导，一会儿看看这个同学的画法，一会儿又肯定那个同学的想法挺好的。巡视后，发现 7 和 11 两个答案。

师：刚才老师看了，共有 3 种情况，有的同学得 11，有的同学得 7，还有个别同学没有算出来。没有关系，我们可以通过讨论把问题搞清楚。（请答案是 7 和 11 的各 3 名代表到台前）

吴老师继续说道："一场小小的辩论会就要开始了。我们要学会对话，互相提提问题可能就把问题弄清楚了。注意，只能向对方提问题，明白了吗？你们谁先来？"

得 11 的学生代表（以下简称正方）：你们的 7 是怎么得出来的？

得 7 的学生代表（以下简称反方）：4+3=7。

正方：那你们的 4 个和 7 个是怎么加的呢？

师：（适时介入）想一想，你现在要问的问题是什么呢？

正方：不知道。

师：（悄悄告知）题目里让你们求的是什么？

正方：（高兴地大声问）题目里让你们求的是什么？

反方：一共多少个桃子。

正方：你们求的是哥哥有几个桃子。

师：（站在旁边继续帮忙）你们求的 "7" 是谁的？

反方：我们求的 "7" 是哥哥的。

正方：但题目里面要求的是一共有几个桃子，你们为什么要求哥哥的？

反方：不求出哥哥的桃子个数，怎么知道一共是多少个桃子呢？

师：（问反方）那你们的意思就是说求出哥哥的是 "7"，这问题不就解决了嘛？

反方：是的。

师：噢，就是先把第一个最关键的问题解决掉，（继续追问）那你们知道还要怎么办吗?

反方:最后再把哥哥的加上弟弟的。

师:也就是你们改变了自己的想法。刚才谁得了 11,老师表扬你们,你们好眼力,一眼就知道先干什么,再干什么。谁得 7 了?(生举手示意)没关系,老师也很钦佩你们,虽然第一次错了,但正是因为你们的错误才给我们带来了一次有价值的讨论。通过刚才的讨论,你们现在知道 11 是怎么来的了吗?(反方点点头)

[赏析:吴老师巧妙地采用辩论会的方式解决问题,在辩论中促进学生主动学习、质疑,在思维碰撞中建构对新知的理解,道理越辩越明。吴老师在适当的时候起到了四两拨千斤的作用,让激烈的辩论回归到理性的思考,真正实现了"从独白的数学走向对话的数学"。]

3. 交流共议,理解运算意义

"现在大家意见一致了,那我们一起来看看他们是怎么想的吧。"吴老师说道。

展示第一种方法:

吴老师指着黑板上一个学生画的图说:"这个图能代表你们的想法吗?我们请这位同学说一说。"

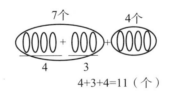

4+3+4=11(个)

"我先画了 4 个桃子是哥哥的,再加上 3 个桃子也是哥哥的,最后加上弟弟的 4 个桃子。"

吴老师认真地听着,说道:"你画的图也挺好的。但是如果有 180 个桃子,你也这样画吗?"学生骄傲地说:"可以画简单一点。"

吴老师解释道:"也就是说,如果桃子多的时候,我们就画这样一个大圈来表示,是吗?"学生满意地点点头。

展示第二种方法：

师：这位同学第一个圈里有个 4，右边还有一个 4，右边表示 4 的圈怎么画？

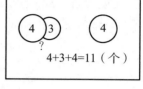

生：和前面表示 4 的圈一样大。

师：第一个 4 多了一个小耳朵，里面写了一个 3，谁来问问他？（指一生）好，你来，先问问他右边的圈表示什么。（生问）

生：表示的是弟弟的。

师：（板书：弟）左边还有个 4 呢。

生：这个 4 表示的是哥哥的。

师：那它和弟弟的是什么关系呢？

生：一样。

师：我们弄明白了，首先这个 4 是哥哥的，就是哥哥和弟弟同样多的那个 4。但是我就不明白了，写 4 就写 4，这儿又画了个小耳朵，它表示什么啊？

生：哥哥比弟弟多的桃子。

（生指一指，师圈一圈并板书：哥。）

师：这个小问号表示什么意思？

生：不知道哥哥到底有多少。

师：在小问号这个地方写上一个"①"，也就是说第一步先要解决小问号的问题。小问号到底是多少呀？

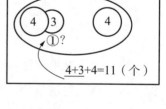

生：4+3。（师把"4+3"用箭头指向图）

师：11 在哪里？

学生指一指，吴老师一边用一个大圈把哥哥和弟弟这两部分合起来，一边说道："现在所要求的就是哥哥和弟弟一共有多少，对吗？当然，我们可以用一个大圈来表示合并，也可以用大括线来表示。这个问号旁边我们写上'②'，也就是我们第二步要解决的问题。"

吴老师步步追问，问出了学生对此题大逻辑"哥哥＋弟弟＝总数"的理解，学生在追问中思考、感悟，进一步明晰了两步解决问题的解题思路。

展示第三种方法：

"我们再来看看这种画法。"吴老师使大家的目光聚焦在下面这幅图上。

师：（指着这幅图问）看这位同学画的，请问，你这个 7 是怎么得来的呢？

生：是 4+3=7。

师：题目里本来没有这个 7，你补充了 4+3=7 这个算式，这样是不是大家都能看懂了？之前有很多小朋友只用一个 4+7=11 来表示可以吗？

生：（齐）不可以，因为这个 7 在题目里面没有给出来。

师：（继续采访画作者）刚开始你写这个 7 的时候，你是在心里把它怎么样了？

生：在心里面算出来了。

师：他是在心里想出来的。但是我想告诉这个小朋友，数学是我们大家共同交流的工具，这只是你想出来的，必须带着小翻译才能让别人明白，这样的方式（指算式 4+3+4=11）更明白些，你知道了吗？

展示第四种方法：

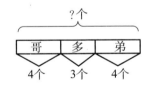

吴老师指着第四种画法说："你们看这个同学，他的画法和其他同学的画法不太一样，他这是什么意思啊？"

一位同学自告奋勇地站起来："他没用圆圈，而是先用一个小长方形来表示哥哥，再用一个小长方形来表示哥哥比弟弟多的 3 个，最后又用一个小长方形表示弟弟采的。"

吴老师微笑地看着他："看来你看懂了图的意思了，他用一幅直条图让我们非常清楚地明白了他的思考过程，先用 4+3=7，求出哥哥摘的桃子数，再把哥哥和弟弟的合并在一起，求出一共摘的桃子的数量。"

"同学们，刚才通过对话我们把这个问题解决了。吴老师非常羡慕你们，也非常佩服那些一次就能够用自己画的图、自己列的算式解决问题的同学。我建议，把掌声送给他们。"

只见吴老师走到刚才得 7 的同学面前，拉起他们的小手，微笑着说："吴老师也很佩服你们，因为你们敢于坚持自己的想法。最让我感动的是，你们学会了与同学进行对话、交流，还能接受同学的建议，修正自己的想法。下面我来采访一下，你们现在想和大家说点儿什么？"

"我知道了 3 是哥哥比弟弟多摘的桃子个数，而不是哥哥摘的桃子个数。"

"4+3 才是哥哥摘的桃子个数，求它们一共摘了多少个桃子，要把哥哥和弟弟的这两部分合起来。"

"思考得多深刻啊。"吴老师赞许地说，"同样把掌声送给他们。"

[赏析：吴老师通过画图的直观方法，帮助学生清楚地理解了"4+3=7"是求哥哥摘了 7 个桃子，并为学生提供了展示思维过程的平台，让学生敢于表达真实的想法。吴老师既带领学生探究解决问题的思路，又在教学中渗透了集合思想。]

三、全课总结回顾，深化解题策略

1. 比较沟通，凸显关系

"同学们，今天的学习与以前有哪些不同？"吴老师一语激起千层浪，同学们争先恐后地举起手来。

"我发现原来的第二个数是直接告诉我们的，今天的第二个数要我们先求出来。"

"原来是一步算式，现在变成两步了。"

"我们以前学的两个数都告诉我们了，今天学的有一个数要重复使用一次。"

吴老师竖起大拇指赞美道："好眼力！确实，有一个数要重复使用一次！

过去这两个数是直接告诉大家的，而今天呢，要想知道这个数是多少，就要先拐一个小弯儿。在拐小弯儿的时候，实际上我们经历了这样一种思考的过程：看看前面给的条件是什么，想一想能解决什么问题。当然，也可以像智慧人一样，往后看，要想求出一共有多少，必须知道什么呢？前思后想，就能把问题解决了。"

2. 类比迁移，建构模型

师：同学们，我们在解决上面这道题时，用了这样一个关系："哥哥比弟弟多3个"。如果把这个条件换成"哥哥比弟弟少3个""哥哥采的个数是弟弟的4倍"，你们会做吗？

生：会做。

师：不管这个条件怎样变化，你想一想，要想求出一共有多少，需要知道什么？

生：必须知道弟弟有几个，哥哥有几个。

师：知道了这两个条件，我们可以求和，也可以比大小。你们发现了知识上的不同，又学到了什么样的方法帮助我们解决问题？

生：可以用画图的方法。

生：如果是一个小的数，就画一个小圆；如果是大的数，就画一个大圆。

师：对，画图可以直观、准确地表达数的意义。

3. 回顾总结，形成策略

师：这个问题解决了，你们知道经历了几步过程吗？

生：第一步要先算哥哥的个数。

师：拿到这个题目，要像智慧人一样，第一步要先看看题目里说的是什么事，要求什么问题。这是解决问题关键的第一步。那第二步呢？

生：第二步可以先想一想怎么做。

师：想一想怎么做，就是先要分析分析。同学们，这第二步，就是大人们常说的计划计划、设计设计。先做什么，再做什么？第一个问号在哪里？第二个问号在哪里？因此要想一想先干什么，再干什么。

师：那第三步呢？我们就开始来解决这个问题了，把这个计划实施了，对不对？这个过程特别重要。以后你可以用你懂的图，还可以用线段图来表示这个关系。

第四步的回头看也特别重要。你在回头看的时候，要注意知识上有哪些新收获，方法上有哪些新突破，与同学的对话中，你又有什么新思考。

师：要想解答一个问题，也不那么简单，要经历四步这样一个重要的过程。

[赏析：学生通过对问题的解决，掌握了数量关系，获得了运用数学知识解决问题的基本策略。吴老师在课堂上教会学生三遍审题：一遍读，搞清楚什么事；二遍读，进行筛选，力求无偏差；三遍读，告诉我们解决什么问题。学生经历了"发现问题、提出问题、解决问题、回顾反思"的过程。"回头看"让孩子们驻足反思，将学习的过程上升为积累数学活动经验的过程。]

四、巩固拓展提高，形成解题技能

1. 积累数量关系，理解"反序"问题

出示题目：一个玩具电话 12 元，比娃娃多 8 元，买这两种玩具一共需要多少钱？

吴老师先请一位同学读题目，然后提出要求："请同学们先独立思考再解答，可以画出示意图帮助理解，也可以分析数量关系来理解。"同学们纷纷拿起笔认真作答起来。大约 2 分钟后，吴老师让一名同学把算式写在了黑板上：12-8=4（元），4+12=16（元）。同学们也都微笑着望向黑板。"看你们的表情，你们是同意这位同学的方法，是吗？""是。"同学们异口同声地回答。"你来说说是怎么想的。"吴老师请起一个小女孩。只见这个小女孩从容地走到屏幕前，指着这道题说道："要求的是买这两种玩具一共需要多少钱，那就必须知道娃娃多少钱，我先用'12-8=4（元）'找到了娃娃的价钱，再用'4+12=16（元）'算出了两种玩具的钱。"女孩话音刚落，吴老师就带头鼓起掌来，教室里响起一阵热烈的掌声……

2. 倾听孩子的语言，了解真实的思维

"同学们，像 12-8+12 这样的算式，我们并不陌生，你们能根据这个算式，讲一个生活中的故事吗？"同学们认真思考着，有的慢慢拿起了笔……

集体交流开始了。吴老师将几位学生的作品按顺序展示在实物投影仪上，引导同学们认真阅读，仔细观察。

> 一箱西瓜12千克，一箱苹果比一箱西瓜轻8千克，一箱西瓜和一箱苹果共多少千克？

> 一根长绳12米，比一根短绳长8米，一共多少米？

> 一辆公共汽车上有12个人，到站后下去8人，又上来12人。现在公共汽车上有多少人？

"你有什么发现？有什么想法尽管说出来。"吴老师鼓励着。

"我发现这三位同学写的事情不一样，但是算式是一样的，都可以用 12-8+12 来表示。"

"我发现虽然结果都是 16，但是它们表达的意思是不一样的。"

吴老师赞许地点点头："你们观察得很到位，事情不一样，表达的意思也不一样，但为什么都可以用这个算式计算？"

"这三道题第一步都是用减法做，第二步都是求一共，用加法做，所以算式一样。"小男孩说道。

吴老师走到小男孩身边，摸着他的头，亲切地说："感谢你，又让我们有了进一步的认识。我们一起来看屏幕，这三道题的第一步都是用 12-8=4，它们都是在从一个整体中拿走了一部分（边说边在黑板上画着图），所以用减法做。而第二步都是在求一共，也就是求和是多少，实际上就是把两个量合并在一起，所以都可以用加法来计算。今天这节课，我们做的题并不多，但是同学们经历了这样一个过程，你们有什么新的收获？在对话过程中，在画图过程中，你们印象最深的是什么？"

"下次做题时，也要像这次一样画画图。"

"这样的方法能够帮助你们分析数量关系，对吗？这个方法，你们过去

也用过，比如说刚才的第三个故事中的这道题（出示题目）。你们能用图画来表示它们的数量关系吗？"片刻后，吴老师用手势带着大家圈一圈，演示到站下车的、上车的，"以后碰到这样的问题，大家就可以通过画图分析数量关系顺利地解答了。"

[赏析：在教学中，吴老师关注生活与数学的联系，帮助学生梳理解决问题的思路，让学生聚焦"12-8+12"这个由不同问题得到的同一算式，先把数量还原为情景，再从情景中抽象出数学本质，提高了学生对问题的辨析能力，提升了学生的思维能力。]

评 析

基于儿童视角，"涂画"中"解决问题"

吴老师的课堂鼓励学生涂画表达，在这样的课堂内，氛围轻松，充满了师生、生生之间的真诚对话，学生会产生思维的碰撞和情感的交流，能在增长知识的同时，感受成长的快乐。让我们一起走进吴老师执教的二年级的《解决问题》一课，享受"涂画"的魅力。

一、创设问题情境，激活学生的经验

课伊始，吴老师开门见山，请学生观察主题图，并创设了这样的问题情境：猴哥哥不想直接告诉猴弟弟他摘了 7 个桃子，如果自己是猴哥哥，会怎样说呢？学生"求两数相差多少"的经验被激活了，争着当猴哥哥进行对话，"弟弟啊弟弟，我比你多摘了 3 个桃子呢""弟弟，你比我少摘 3 个桃子"……在对话中，由一步问题自然过渡到两步问题，巧妙的设计，调动学生先前的知识经验和学习经验，找准了知识的生长点。学生通过观察、思考、推理等活动明白了事理，增强了提出问题、解决问题的意识和能力，激活了已形成的基本的解题策略，为新知的探究作好了准备。

二、在涂画中对话，明晰"关系"

《解决问题》的教学，第一步是引导学生理解题意。吴老师改变了"我们要求什么，先求什么"的常规提问，而是另辟蹊径，在条件和问题之间用简笔画的方式，巧妙地引入了一个智慧人，创设了一个智慧人喊话的情景，让学生猜一猜智慧人想说什么。学生马上进入情境，积极思考。"得先把哥哥的求出来，不然可就……麻烦了（生答）"，这是综合法；"要想求出一共摘了多少个桃子，得把弟弟的桃子数和哥哥的桃子数加起来"，这是用分析法解决问题。两种重要的解决问题的思维方式，吴老师就这样精妙地"烙"在了儿童的成长过程中。

与智慧人对话，学生"喊"出了自己的理解，不断地思考着。同时，也澄清了我们在教学《解决问题》中的一些困惑："在《解决问题》的教学中如何看待数量关系的作用？""传统的数量关系教学的优势如何在当前的教学中发挥其应有的功能？"……充满童趣的对话，开启智慧的源泉，实现了要我说题意到我要说题意的转变，突出了学生的主体地位，就是在这样的氛围中学生发现了解决问题的关键。

三、从"数学画"走向"数学化"

教学中吴老师特别关注学生原生态的"数学画"，在学生拿着自己画的图讲述思考过程这个环节中，出现了一幅长着"小耳朵"的图，引起了大家的兴趣："这儿又画了个小耳朵，它表示什么啊？"这位同学赶快解释说："哥哥比弟弟多的桃子。"经过小耳朵的启发，学生们不但理解了题意，还沟通了"图"与"式"之间的联系，借助直观图理解了算式中每一个数的含义，理解了数量之间的关系，找到了解决两步实际问题的关键。

吴老师抓住"有意思"的"数学画"，在第一时间了解学生的真实想法，收集到具有代表性的图。展示可爱的小耳朵，帮助学生对数学问题进行形象化的理解和探究，从具体到抽象，让学生加深对问题理解的同时，感受表达的简洁，渗透符号化思想。由"数学画"到"数学化"的图，是一个循序渐进的过程，需要学生逐步理解、接受和运用。

纵观吴老师《解决问题》一课，她给学生创设了"涂画"的空间，唤起学生的元认知，引发学生的数学思考，把抽象的数量关系直观、形象地表达出来，从而帮助学生解决问题。同时，给予学生充分的发言权，创设了"与猴哥哥对话""与智慧人对话""正、反方对话"的场，我们看到了学生静心思考后的豁然开朗，看到了学生从不会到会的学习历程。自始至终，吴老师一直将学生推到前头，出现错误了，不要紧，做好学生的组织者、引导者、协助者，激发着学生的热情，启发着学生的思维。在相互碰撞中，问题解决了。吴老师以自己独特的教学艺术，把学生推到自主学习的舞台上，使他们真正成为学习的小主人，学生的思维得到拓展，学习力得到提升。

（北京市东城区灯市口小学　宋燕晖）

课堂花絮

几个"少了点儿"
——我和名师的差距

初看，我欣喜，我和吴老师所上的《解决问题》一课具体内容不同，但竟然那么相像，然而，当我再次品读吴老师的这节课，我有些汗颜了！我的课不像吴老师的课那样有生机，那样有"人课合一"的感觉，总觉得少了点儿什么。

一、少了点儿"说让学生能懂的话"

"说学生能懂的话——高深莫测不如简单明了"，吴老师的课堂真的就是这样："数学是我们大家共同交流的工具，这只是你想出来的，必须带着小翻译才能让别人明白……""要想知道这个数是多少，就要先拐一个小弯儿。"

二、少了点儿"煽风点火"式的巧妙利用

吴老师的课堂不仅有机智的捕捉、敏锐的发现，更有煽风点火式的巧妙利用，营造了生生互动的磁场，课堂生机盎然。吴老师的《解决问题》一课，最令我折服的就是针对得11和得7的情况，进行的生生之间的小小辩论会，让课堂高潮迭起！

三、少了点儿针对性的激励评价

"同学们，刚才通过对话我们把这个问题解决了。吴老师非常羡慕你们，也非常佩服那些一次就能够用自己画的图、自己列的算式解决问题的同学。

我建议，把掌声送给他们。""吴老师也很佩服你们（指刚才得7的同学），因为你们敢于坚持自己的想法。最让我感动的是，你们学会了与同学进行对话、交流，还能接受同学的建议，修正自己的想法……"吴老师的课堂是用真情唤起学生成长力量的课堂！吴老师充满真情的激励，让学生收获了自信，明确了改进的方向。

与吴老师这样"背对背、面对面"地同课异构，努力让"少了点儿"越来越少，也努力使我的课堂趋近于生机盎然，人课合一！

（中国教育科学研究院北京大兴实验学校　崔建梅）

4 从自己提出的问题开始

—— 《估算》课例 [①]

一、在提出问题中激发兴趣

吴老师笑着问："同学们，这节课我们继续来研究估算。关于估算，学习过程中你碰到过什么困难，或者你还有什么问题、困惑，都可以提出来，今天我们一起讨论好不好？"

同学们思考片刻，提出了这样几个问题：

（1）为什么要学习估算呢？

（2）估算有什么用处吗？

（3）估算是什么人发明创造的？

（4）有什么好的估算方法吗？

吴老师说："大家提了这么多、这么好的问题，曾经有一位同学问过我这样一个问题：'在什么情况下就要估一估，在什么情况下我们就可以精确计算啊？'你们遇到过这样的问题吗？"

[赏析：提出问题比解决问题更重要。吴老师放手让学生提出问题，并对学生提出的问题进行记录和整理。问题由学生提出，一方面激发了学生探究知识的兴趣，调整好学生的学习状态，另一方面也对学生进行了问题意识的培养，同时为接下来的学习作好了铺垫。特别是吴老师的"借鸡下蛋"，

---

① 课例整理：吴桂菊

真可谓一举多得。]

二、在经验积累中引入估算

屏幕呈现"青青和妈妈购物的情景",吴老师亲切地说:"同学们,你们一定也有过和爸爸妈妈一起购物的经历,青青和妈妈购买了5种商品(屏幕出示5种商品及其价格:48元、16元、23元、69元、31元)。青青的问题是:妈妈带200元钱买这5种商品够不够?收银员的问题是:一共要收多少元呢?你们认为在下列哪种情况下,使用估算比精确计算更有意义?请同学们独立思考,再作出判断。"

1. 当青青想确认200元钱是不是够用时;
2. 当销售员将每种食品的价钱输入收银机时;
3. 当青青被告知应付多少钱时。

同学们思考后,用手势表明自己的观点。多数同学选择"1",只有两个同学选择"3"。

只见吴老师不急不忙地对选择"3"的两位同学说:"请问这两位同学,假如你买东西的时候花了168元,收银员估了估告诉你大约就交200元吧,你交吗?"

两名同学不好意思地笑了:"不交。"

吴老师继续追问:"当青青被告诉交多少钱时,你们认为收银员应该精确计算呢,还是估算呢?"两位学生几乎是异口同声:"精确计算,实际花多少钱就得告诉顾客交多少钱,不多也不少。"

吴老师笑了:"对啊,当收银员告诉顾客多少钱时一定是个很准确的数据,而当青青妈妈要确认带200元够不够时,采用估一估的方法,知道五种商品大约花了多少钱就可以判断了。同学们,是这样吗?"大家会心地笑了。

[赏析:真实的情境是有效学习的基础。用购物过程中青青妈妈的问题"我只带了200元钱,买这5种商品够不够"和收银员的问题"一共要收多

少元"这样两个问题进行比较，到明确哪一个用估算合适，哪一个用精确计算合适，促进学生充分体会估算与精确计算的区别，感受估算的价值。]

三、在自主探究中体验估算方法的多样性

吴老师紧接着呈现学生熟悉的曹冲称象的故事情境，提出问题："这两幅画出现时，你发现了什么？"

学生根据大象和石头放在船上时，标记与水面的位置是一样的，推理出大象和石头同样重。吴老师赞许地点点头："那怎样求出大象的重量呢？"急性子地同学已经迫不及待："既然相等，我们称称石头有多重，不就可以知道大象的重量了吗？"同学们异口同声地说："对呀！"

此时，屏幕上出现曹冲称石头的画面，并出示六次称得的数据：328、346、307、377、398、352。

师："你能估计一下这头大象有多重吗？"吴老师鼓励同学们把算的过程记录下来。

学生开始静静地思考，记录自己的估算过程，吴老师巡视指导。

1. 交流整理估算方法

在学生独立思考的基础上，吴老师引导学生交流，总结各种估算方法的不同特点。

（1）小估。

师：（指着黑板上的答案）我们一起来看一看这几个同学是怎么算的。（指着第一个同学的答案：300×6=1800）这是谁写的？能够把你刚才估的方法解释一下吗？

生：我觉得可以把每次石头的重量看成 300 千克。

师：本来都是 300 多千克的，他都看成是 300 千克，可以吗？

生：（齐）可以。

师：明明每次称的结果都是 300 多千克，而这位同学却把这 6 个数都看成比它们小的 300 千克，这是往小里估的方法，你们给这种估法起个名字吧？

生：往小里估。

生：小估。

众生笑。

师：（顺势而导）小估就小估呗！我们把这个同学的估算方法叫作"小估"。（用红色的粉笔在该算式上面标记"小估"）

（2）大估。

几位同学的板演是无序的，吴老师的提炼总结却是有序的。

师：（跃过其他的算式，指着黑板右下角的算式）400×6=2400，这是谁写的？你把这些数——

生：往大里估。

师：你把这些数都看成多少了？

生：我把它们都看成了 400 千克。一共有 6 个，就是 400×6，得到 2400 千克。

师：他是往大处估了，也可以……

未等老师说完，众声已喊出：大估。吴老师在 400×6=2400 算式上面标记"大估"。

（3）大小估。

师：（继续指着另一个算式 300+300+300+400+400+400=2100）我们来看这是谁估的。人家要么大估，要么小估，你又小估又大估，什么意思？

生：大小估。

师：好，我们就叫它大小估。

（4）中估。

师：（指着 350×6=2100）这是谁写的？你是怎么想的？解释一下你的算法。

生：我把每一次石头的重量看成 350 千克。

师：你为什么把这 6 个数都看成 350 千克呢？

生：328、346、307 比 350 小，但它们接近 350；377、398、352 虽然都比 350 大，但也接近它。我就取了一个中间的整十数。

师：刚才同学们有大估的，有小估的，你既不往大估也不往小估……

生：（齐）中估。

同学们会心的笑声又一次响起。

（5）四下五上估。

师：（指着 330+350+310+380+400+350=2120）你是怎么想的？

生：嗯，我是近估的。把这些数全都看成离它最近的一个整十数，然后再加起来。

师：你把 328 千克看作了 330 千克，把 352 千克看作了 350 千克是吗？也就是接近那个数的整十数，对吧？（面向全班）大家有问题吗？（同学们摇摇头）

师：我可有个问题要问这位同学，你为什么把 328 千克看作 330 千克，而不看作 320 千克，把 352 千克看作 350 千克，而不看作 360 千克呢？在你的心目中一定已经悄悄地有了一把尺子，对吗？

生：328 的个位上是 8 了，我就往前升一个，352 个位是 2，我就不要了。

师：那么如果遇到个位上是 6 呢？7、8、9 呢？

生：（齐）往上升。

师：如果是1、2、3、4呢？

生：（齐）往下降。

师：如果是5呢？

生：（齐）都可以。

师：看来，其实在同学们心中已悄悄有了标准。就是遇到个位上是1、2、3、4时，就……（众生：舍去）遇到个位上是5、6、7、8、9时，就……（众生：向前升一个）

师：在刚才估算的时候，其实同学们运用了一个很好的方法，你们知道是什么吗？

生：四下五上估。

生：四舍五入估。

师：对，刚才他说的近估，就是更接近整十数的估算方法。在估的过程中用到了四舍五入的方法，以后我们还要学习它。

（6）凑调估。

师：（指着300×7故作疑惑地说）这是谁写的？ 为什么不是300×6，而是300×7呢？明明是6个数，你怎么整出来7个数呢？你是怎么想的？

生：表面上看有6个数，但是每个数取走300后，我又把剩余的凑在了一起，像28、46、77……凑合凑合又是一个300，这样大约是7个300了。

师：你为什么这样估？

生：我想它一定比6个300更接近准确值吧！

吴老师带头鼓起掌，掌声、笑声响起。同学们投去钦佩的目光。

师：哦，把多余的数凑在一起，差不多又是一个300千克了，再乘7就是2100千克。在估算的过程中你又凑一凑，又调一调，因此整出了个与众不同的7个300千克。这个估法该叫什么啊？

生：凑估。

师：凑估，有道理！在凑的过程当中，还有了一些调整。

这时，不知是谁喊了一声"调估"。

师：也有道理！这一凑一调的就使估的结果更接近准确值，看来这个与众不同的方法还很重要啊。

于是，"凑调估"三个字跃然出现在黑板上。吴老师还用红色粉笔在这个算式旁边画了个闪亮的"☆"。

（7）精确计算。

师：（指着黑板上最后一个算式 328+346+307+377+398+352=2108）这是谁写的？说说你是怎么算的。

生：这 6 个数一个一个加起来，最后得 2108 千克。

师：你为什么这样算呢？

生：这样算比他们算得要准确。

师：同学们有什么想法吗？

生：这样计算虽然准确，但是算得太慢了。

生：这样计算虽然准确，但是太麻烦。这里只需知道大象大约有多重就可以了。精确计算没必要。

师：（转向这名精确计算的学生）听了同学们的发言，你有什么想法？

生：我还是觉得我的计算比他们的准确。

师：好，看来，你还是坚持自己的想法。没关系，到底是估算好，还是准确计算好呢？我们慢慢体会。

紧接着，吴老师引导学生围绕"估算有什么方法？怎么估？"进行了总结。

［赏析：在交流估算方法的过程中，面对学生多样的估算方法，吴老师用儿童能听懂的话来说，根据方法的特点分别命名"小估""大估""大小估""中估""四下五上估""凑调估"，这些引得学生开心大笑的名字，使学生对估算策略清晰明了，并对估算产生亲切感。］

2．在比较中反思提升

当同学们还沉浸在"大估""小估""中估"……这些有趣的方法名称中意犹未尽时，吴老师巧妙地把学生的思维引向深入。

师：在你们估的时候，电脑爷爷也悄悄地精确地计算出来了。他算了两次，其中只有一个是正确答案。你觉得哪个答案有可能是对的？说说理由。

电脑屏幕同时出示两个答案：（1）20108 千克；（2）2108 千克。

有的同学从实际出发说理由："大象不可能那么重"；有的同学借助大家估算的经验说理由："从大家估算的结果看，都估成 400 千克，总重量才 2000 多千克，所以不可能上万千克"……

在讨论的过程中，学生的思维从情境化的问题解决中剥离出来，转移到对数感的体验上。学生需要抽象地运用"数量级"的相关知识解决问题，思维经历了分析、比较、抽象的过程。

师：你们分析得很好，精确值就是 2108 千克。我们继续讨论，看到这个精确计算的结果，再看看你们估的结果，此时此刻的你想对刚才自己的估算结果作一点评价或思考吗？

生：我估的是 1800 千克，我觉得我估得太少了，那些数当中有一个是 398 千克，我把它估成 300 千克了，与实际结果差得就远了些，现在我觉得应该估成 400 就更好了。

师：你很善于思考，其实你估的结果已经可以了，但是你还能在与他人的比较中发现问题，进行调整，真好。

生：我估的是 2120 千克，我觉得我估得还挺准的，因为和答案比较接近。

师：你是怎么估的？

生：我是四下五上估的。

师：好，真是经验之谈。（转身问）大估的在哪呢？你一定有话要说吧？

生：我感觉我估大了，我把 307 千克这样的数看成 400 千克了，估得有些远了。如果缩小一点，可能就估得准一点。我很佩服"凑调估"，在估算中还能调整调整，这样估比较接近准确值。

吴老师又一次带头鼓起掌，全班掌声响起……

师：其实你已经很不错了，你不仅主动地反思自己的结果离得远了点，更让我感动的是你还在反思中发自内心地去欣赏别人，发现同学们好的方法，这样学习进步会更快。

师：同学们，你们作出了很好的自我评价。那么，用精算的两位同学你们有想说的吗？

生：我觉得这些数一个一个加起来算太麻烦。再说求大象的体重，没有必要精算。还是用估算的方法好。

师：谢谢你，你终于在讨论中，接受了估算的方法。

另一位学生很固执地坚持自己的意见："我还是觉是精算好。"

师：（笑着说）好，你就继续精算吧。

［赏析：吴老师让学生经历估算的二次交流和反思，实在妙不可言。在这个反思的过程中，学生充分体会到不同的策略有不同的价值，同时主动去积累一些估算经验，合理、灵活地根据目的调整，把握取值范围。］

四、在问题解决中感悟、体验估算的价值

1. 在问题解决中体会估算的价值

问题一：350 名同学要外出参观，有 7 辆车，每辆车 56 个座位，估一估够不够坐？

同学们思考之后围绕这道题展开了讨论。

有的同学把 56 个座位看成 50 去估；也有的同学把 56 个座位看成 60 去估；还有的同学把 56 个座位看成 55 去估。吴老师顺势引导同学们一起思考："这么多估算的方法，对于解决租车这个问题，你们认为是小估好一点，还是大估好一点呢？说出理由。"

生：小估好，因为小估成 50 个座位都够了，按实际的 56 来计算就更够了。

师：为什么不选择大估呢？

生：本来每辆车只有 56 个座位，你估成 60 个了，万一人来得多了，就有可能不够了。

师："万一"这词挺好。你们看，本来是 56 个座位，你估成 60 个座位了，那 4 个座位实际存在吗？

生：不存在。

师：1 辆车多估了 4 个座位，7 辆车就多算了 28 个座位，误差就会增大。这位同学的分析有道理，他考虑到"万一"的情况，在这种情况下往小估还是比较保险的。其实学数学的人，需要养成一种严谨的思维，要考虑到"万一"的情况。所以，在这种情况下解决问题，你们说小估好还是

大估好？

生：小估好，小估保险。

[赏析：吴老师抓住"更够了"和"万一"让学生体会到要恰当选择和使用估算的方法。乘车是生活中的具体问题，学生经历解决这一现实的、富有挑战性的问题，将学到的估算方法内化，有机会将数学知识传递转化成数学智慧。]

问题二：

车重986千克，这辆车可以过桥吗？

吴老师和同学们一起进行着热烈的讨论："每箱看成300千克，这辆车运的货大约是1800千克，然后再加上986，约等于2800千克。可以过桥。""小估不保险。把285千克看作200千克能过去了。但是如果遇到万一的情况可就不保险了。"……经过讨论，同学们一致认为在这样的情况下解决问题还是大估比较保险。

2. 在估算方法的比较中积累经验

吴老师把学生的思考继续引向深入，问："刚才估座位你们说小估保险，现在针对过桥问题你们又说大估好。到底大估好，还是小估好？再遇到第三种情况怎么办？我也糊涂了。"

生：大估、小估都好。但要看用在什么地方。该用大估就大估，该用小估就小估。

生：那可要看情况了，不同的情况采取不同的估算方法。

师：是啊，你们说得真好，我们总结了这么多估算的方法，确实要看具体情况来定用什么样的估算方法。学到这儿，我们算悟出了点儿味道。

五、在课堂小结中反思提升

课的结尾，吴老师带着同学们一起"回头看"，回顾刚才的经历，总结这节课的收获。

生：我认为今天学了估算，解决问题变简单了。

生：估算真神奇，能把一个复杂的数估成多种不同的数，方法不同，但估的结果都差不多，而且能很快速地解决问题。

生：我知道什么时候需要用到估算，该大估的时候就大估，该小估的时候就小估，选择合理的方法。

生：我觉得估算能解决我们生活中的实际问题，而且我们都得灵活巧用。

……

生：（一直坚持用精算的那位同学突然站了起来，抢着表明观点）估算有好处，但是也不能什么事都估算啊。我觉得一些人命关天的事，还是精算比较好。

师：可爱的精同学，你说得真对，我赞同你的观点。像人命关天的大事当然是一就是一，二就是二，该精还得精。但有时候不需要准确计算，估一估就可以了，何必去精算呢？你同意我的意见吗？（该生点点头）什么时候该精算，什么时候该估算，自己要学会选择和调整，解决问题的经验需要慢慢地积累。

……

[赏析：课的结尾真可谓画龙点睛。在交流收获的过程中，同学们进一步认识到解决问题需要学会选择方法和调整策略，经验需要慢慢积累。同时同学们对"估算"也有了更深刻的认识，潜移默化中培养了近似思想。估算时，确定上限、下限很重要，不在于估得准不准，而在于用上限判断，还是用下限判断。这认识不仅有知识层面的，还有方法、思维方式层面的，课堂

上时时迸发出智慧的火花。]

一、有效教学的根本：我们带着问题一起来研究

培养学生的估算意识、估算能力以及灵活地选择合理的估算方法解决问题是《数学课程标准》提出的重要目标之一，落实到教学中就是要重视估算教学。然而，很多一线教师却"害怕"估算教学，常常在教学中（尤其在低年级）遇到这样的尴尬："老师，学估算没什么用处，只是您让我们估我们就估，只在课堂上有用。""课堂上我带着学生'走教案'，让学生做什么学生就做什么，没有体验与参与。""那么多的估算方法，到底哪个对啊？"感觉估算教学与我们的美好期望相去甚远。是教师的教学有问题，还是新课程标准提出的要求太高，抑或估算就是"只在课堂上有用"？但是，为什么吴老师能将"尴尬"的估算变为"快乐"的估算？是因为吴老师非常有人格魅力，还是因为她是全国著名特级教师？这一系列问题迫使我们来思考、来追问："估算"到底怎样教才能有效？一般说来，估算教学尴尬的首要原因是学生体验不到估算的必要性，不能自主选择何时估算、何时精确计算。教学常常是为了估算而估算，为了估算方法的多样化而多样化，将估算看作一种具体的技能来教。例如，教学中常常让学生解决这样的问题："每个足球78元，买2个足球，请你估计150元够吗？""估算388+120、388+110的和各是多少。""一班学生238人，二班学生158人，399个座位够吗？"由此，教学的现实必然是"老师让我们'估'我们就'估'，老师让我们精确计算我们就精确计算"。

反观吴老师的教学，她首先提出问题："关于估算，学习过程中你碰到过什么困难，或者你还有什么问题、困惑，都可以提出来，今天我们一起讨论好不好？"

当学生的问题还不充分时，吴老师又机智地借其他学生之口提出另一个重要的问题："大家提了这么多、这么好的问题，曾经有一位同学问过我这样一个问题：'在什么情况下就要估一估，在什么情况下我们就可以精确计

算啊？'你们遇到过这样的问题吗？"

　　老师的提问朴实自然，这个问题既基于学生已有的学习经验又顺应了教学的根本：真正的思维基于"问题"。正如杜威所言：真正的思维（反省思维）起源于某种疑惑、迷乱或怀疑。思维的发生不是依据普遍的原则，而是由某种事物作为诱因而发生。学生的问题真实自然：为什么学习这个内容？有什么好的学习方法？我们能否了解事情发展的来龙去脉？当学生带着这样的问题来学习，而老师的教学设计又满足了学生的这些"基本需要"时，教学必然是有"过程"的，老师与学生必然都是有体验的、真正参与的，从而也是都有收获的。正是基于这种朴素与自然，整个教学过程中师生的交流对话、思维活动如山川中的小溪流水，清新、流畅，毫无矫揉造作之势，给听课者的感觉是一种享受。

　　二、探究多种估算方法：估算的大教育价值观

　　估算教学的另一核心是如何处理估算方法的多样化，即课堂教学中是否有必要将多种估算方法一一呈现？学生可否想怎么估就怎么估？如何评价学生的多种答案？其教学价值仅仅是为了得出一个正确答案吗？

　　在吴老师的教学中，基于学生对"数"的感觉以及运算的理解，教师与学生共同探讨得出多种不同的估算方法：小估、大估、大小估、中估、四下五上估、凑调估。教师轻松、幽默、自然的语言，使得学生对估算的多种方法有了深刻的理解。后来我听过另一位老师的《估算》课，也许是借鉴了吴老师的估算教学，她也让学生给自己的估算方法"起名字"，但当时给听课者的感觉不是幽默而是有点搞笑。为什么呢？除了吴老师对学生发自内心的爱、吴老师与学生之间的和谐融洽的关系外，更重要的是吴老师的估算教学渗透、传递给学生的是一种大教育价值观：学习数学多有趣啊；数学学习一点儿都不难，我们自己就在创造数学（数学学习观）；别看就是简单的估算，它需要灵活运用学过的知识，数学知识之间都是有联系的（数学观）。

　　尤为重要的是，在吴老师的课堂上，老师引导学生对多种估算方法进行"二次反思"。其教育价值是培养学生的元认知能力：对自己或他人认识过程的再认识，即"二次"比较分析各种估算方法的优势与不足，学会了解、监控、调节自己的思维过程，逐步学会认识自己、欣赏他人。这种"二次反

思"对提升学生的思维水平、培养学生优秀的人格品质都具有重要的意义，而这一点常常为一线教师所忽视。吴老师在处理估算方法多样化时正是抓住了"多样化"的上述教育价值，所以课堂氛围幽默自然，教学效果卓有成效。而另一位老师强调的仅仅是不同的估算方法，是作为一种技能教给学生的。

因此，要做大气的小学数学教师。而"大气"就是要多思考教学行为背后的大教育价值观，而非局限在简单的技能、技巧的运用上。幽默是一种智慧，智慧来自真诚与善良！

三、问题情境的创设：好问题落在学生的最近发展区内

在理清教学目标与隐性的教学价值、激发起学生学习的愿望后，设计有效的问题是实现探究性学习的必由之路。吴老师设计了这样几个情境："青青购物""曹冲称象""春游租车""安全过桥"等。这些看似平凡的情境为什么在吴老师的课堂上如此精彩？

首先，这些情境都是学生非常熟悉的。在熟悉的并能够引发思考的情境中学习，学生感觉非常自然，能够有思维的真正投入，并且使学生体验到解决数学问题是一件非常有趣、非常有用的事情。

其次，这些情境的目的性非常明确。"青青购物"感受估算与精确计算的价值；"曹冲称象"，探究、发现各种不同的估算方法，培养学生的数感，"二次反思"提升学生的元认知水平；"春游租车"与"安全过桥"，感受不同的估算方法适合解决不同的问题，解决问题时要根据需要进行灵活选择。总之，一个目标：在估算中感受、体验"具体问题具体分析"的深刻道理。

再次，这些看似平凡的情境之所以精彩，源于老师适时的追问与反问："为什么不是 $300×6$，而是 $300×7$ 呢？明明是 6 个数，你怎么整出来 7 个数呢？你是怎么想的？""此时此刻的你想对刚才自己的估算结果作一点评价或思考吗？"……

由此可见，好问题必须基于学生的生活经验与学习经验，好问题必须有明确的教学目标，好问题必须能够引发学生积极的思考，即好问题必须落在学生的最近发展区内，能够给学生"跳一跳，够得到"的感觉。

纵观整节课，吴老师尊重学生的主体地位，为学生探索新知创设条件；

她尊重学生的个人感受和独特见解，敏锐地捕捉学生在课堂情境中的每一次思维灵感的闪现和稍纵即逝的教育契机，并不着痕迹地加以指导、点拨、放大。课堂中有疑问、有猜想、有惊讶、有沉思，有经历探究的刺激，有茅塞顿开的喜悦，学生的理解过程和整个精神世界得到发展与提升。

（北京教育学院　刘加霞）

课堂花絮

从"我想下课！"到"我也不想下课……"

又一次走进吴正宪老师的课堂，和孩子们一起享受"好吃又有营养"的数学课。40分钟的课显得那么短。已经下课了，听课的老师们、同学们那热切的眼神都在传递着一个强烈的信息——真的不想下课。

我作为课后访谈的主持人更是按捺不住内心的激动，想赶紧和孩子们分享听课后的感受。我手拿话筒，快步走到孩子们中间，笑着说："同学们，我发现一个特别有趣的现象，明明已经下课啦，你们还不想下课。"同学们兴奋地说："对！"这时，一个弱弱的声音从学生中传出来——"我想下课！"应声望去，是趴在桌子上的一个不起眼的男孩，眼睛里没有一点光彩。

说实话，在这样的场合，听他这么说，我的心"咯噔"一下。这孩子心里想什么呢？当时，我也不知说什么好。

我心里只想着怎么自然避开这孩子的话，于是接着对其他同学说："但是我们很多人都不想下课对不对？再告诉你们一个秘密，连我们老师都不想下课。"此时，吴老师却笑着关切地对那个男孩说："想下课，没事，你能说说原因吗？"男孩撅着小嘴说："我的药膏在门卫那里。"药膏？我想起来了，这不就是上课前在队伍中悄悄跟我说传达室有他的药膏的那个男孩吗？为了不影响上课，我当时告诉他先上课，下课去拿就行了。只见吴老师赶忙走到男孩身边，着急地问："难受啊？""我的嘴特别痒痒，特别难受。"听到这话，吴老师用双手扶起趴在桌上的男孩，说："快，赶快去取一下。"并叮嘱一个老师陪同他去取。男孩高兴地出去了，访谈继续。不一会儿男孩回来了，悄悄地坐回位子。吴老师对那个男孩说："拿回来了，真好！"男孩笑着点点头。再看那男孩，眼睛亮亮的，满是光彩。

访谈结束了，孩子们依依不舍地离开，那个小男孩在队伍中悄悄地告诉吴老师——"我也不想下课……"我的心再次"咯噔"一下。

就是这件看似微不足道的小事，再次让我深刻感受到数学教育的本质——真的尊重孩子，真的读懂孩子。这种尊重是很自然的，自动的，是发自内心的。只有这样，真正的尊重才可能发生。也只有这样，才能走进儿童的内心世界，成为儿童真正的朋友。

从那以后，无论在课上，还是课下，我都希望自己能够读懂每个孩子。遇到事情、遇到问题，我会问自己，如果我是孩子，如果是我的孩子，我会怎么想，怎么做。慢慢地，无论是我的数学课堂，还是我和孩子们之间的关系，都发生了微妙的变化。每一天，我和可爱的孩子们都在开心地进步着。

我也在不断思考：教育是什么呢？教育是对每个孩子潜移默化的影响，是对孩子成长温柔又坚定的守望。

（北京小学长阳分校　吴桂菊）

5 给学生自主的时间与空间
——《分数的初步认识》课例 ①

一、创设情境

上课伊始，孩子们在熟悉的生活中开始了知识的学习。"有 4 个桃子，平均分给 2 个人，每人得到几个？""啪——啪"，学生用两下整齐的掌声回答了问题。"有 2 个桃子，平均分给 2 个人，每人得到几个？"学生"啪"了一声。吴老师不紧不慢地说："只有一个桃子，平均分给 2 个人，每人得到几个？"同学们你看看我，我看看你，面面相觑。突然有几个同学用右手尖点了一下左手心，说："半个。"还有的同学用两手心相对但并不合上，来表示"半个"。熟悉的生活一下子吸引了同学们的注意力，同学们不由自主地说："半个。"吴老师继续说："对，半个。半个该怎么写呢？能用你喜欢的方法来表示一个桃子的一半吗？"教室里立刻热闹起来，有的同学接过老师手中的粉笔，跑到黑板前画图、写文字……吴老师认真地看着同学们的板书，同学们用不同的方式表示着自己心中的"一半"。（见下页）

接着，吴老师请这些同学一一介绍自己的表示方法，解释每种表示方法的含义。吴老师的视线停在了 $\frac{2}{1}$、$\frac{1}{2}$ 前面，疑惑不解地问这两位同学："这是什么意思？"两位同学分别说出："这是二分之一，表示把一个桃子平均分成

---

① 课例整理：武维民　王雅薇

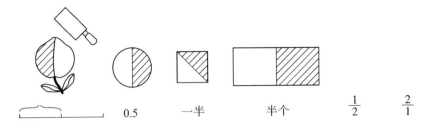

$$0.5 \qquad \text{一半} \qquad \text{半个} \qquad \frac{1}{2} \qquad \frac{2}{1}$$

两份。每份是相等的。""你们在哪里见过二分之一？"写 $\frac{1}{2}$ 的同学想了想回

答说："我在一本数学书上见过。"写 $\frac{2}{1}$ 的同学则很自豪地说："我没有见过，

是我自己想的。"吴老师笑着说："挺好嘛，自己创造的。"伴随着老师的声
声赞许，同学们感受到了创造的快乐。

　　吴老师示意大家坐下，不紧不慢地说："同学们，你们用自己喜欢的方式
表示了桃子的一半，说明你们很有办法。不过，我向大家介绍一种更科学、
更简便的表示方法。当把一个桃子平均分成两份，表示这样的一份时，可以
像这位同学一样用这个数 $\frac{1}{2}$ 来表示。"她边说边走到黑板前，用红粉笔框住

了 $\frac{1}{2}$。"你们知道这个数叫什么名字吗？"同学们不敢肯定地回答："分数。"
吴老师边出课题边肯定大家的答案："对啦，叫作分数。"接着，吴老师又一

次回到 $\frac{1}{2}$ 前面，给同学们引荐数家族中的新朋友——分数。孩子们在吴老师

的带领下自然而然地进入了新知识的学习。

　　[赏析：吴老师创设情境，从平均分入手，让学生感受分东西的结果不
是整数时，曾经学过的 1、2、3、4……这些数不能表示了。为了满足人们
表达的需求，需要一种新的数：分数。吴老师紧紧抓住学生学习分数的生活
经验——一半，又能充分读懂儿童的前认知，也为探索和指导作了铺垫。]

二、指导探索

吴老师举起一块大月饼，请一个同学从中间切开，然后问："这个同学是怎么分的月饼？"待同学们明确了"平均分"后，吴老师带领同学们边比画边说："把一个月饼平均分成两份，每份就是这个月饼的二分之一。"小伙伴之间互相讲述着自己对 $\frac{1}{2}$ 的理解。这时，吴老师神秘地问："哎，你还能在这块月饼中找到另外一个二分之一吗？"一个同学很快地跑到前面，在月饼的另一半上写了 $\frac{1}{2}$。在老师的示范下，同学们又很快掌握了 $\frac{1}{2}$ 的读法、写法并知道了这个分数表示的含义。

这时，吴老师看着一开始到黑板上表示"一半"的同学们，用商量的口吻说："我想和你们商量一下，刚才你们画的图、线段和文字都表示把这个物体平均分成两份，表示这样的一份。如果你认为 $\frac{1}{2}$ 这个分数能表示你的意思，就可以擦掉你写的；如果你认为你的表现方法更好，也可以保留意见。"很多同学纷纷跑上去擦掉自己画的图、文字、线段。只有画桃子的这位同学坚持认为自己画的图更好，执意不擦。吴老师尊重了他的意见，并把桃子图框起来保留在黑板上。

大屏幕上出现了各种彩色图形，同学们兴奋地议论着，丰富了对 $\frac{1}{2}$ 的认识。

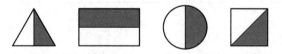

认识了 $\frac{1}{2}$ 这个分数后，吴老师请同学们用不同形状的纸片折出它的二分之一。突然有一位同学高高举起了他手中的圆形纸片喊了起来："老师，这是不是四分之一？"他将圆形纸片分别对折了两次，吴老师为孩子主动勇敢地尝试而高兴："你为什么说它是四分之一呢？"学生没能正面回答，只是轻轻说了一句："我猜的！"此时此刻这位学生似乎感觉到了一种支持，胆子也大了起来。"我把一个圆对折，再对折，就平均分成了四份……"这位学生还没把话讲完，底下的同学们已经喊起来了："每份一定是这个圆的四分之一。"急性子的孩子已经开始动手折起来了，不同的折法在孩子的手指尖上产生。

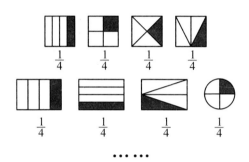

······

"老师，我还能折出八分之一呢！""老师，我折出了十六分之一！""老师，我也行！"……有的学生居然跑到讲台前面来向全班展示自己的"杰作"。吴老师随机应变，让同学们把作品展示在黑板上：

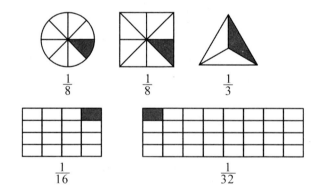

[赏析：吴老师给学生准备了大量不同形状的纸片，学生在动手操作过程中感受到部分和整体的关系以及分数单位的重要性。]

"老师，两个三分之一是多少？""是六分之二。""不对！""是六分之一。""是三分之二。"……同学们"放肆"的学习行为冲击了吴老师事先安排好的教学程序。谁说小孩子不会创造性地学习？只要给他们空间，他们就能"天高任鸟飞,海阔凭鱼跃"!

下面的活动更精彩了。银幕上出现了一个智慧人,眨着双眼向小朋友们提出一个问题:"把一个圆分成两份,每份一定是这个圆的二分之一。对吗?"话音刚落,全班同学已经分成两个阵营,有举"√"的,有举"×"的。面对学生的不同答案,吴老师没有裁决,而是让持不同意见的双方各推荐两名代表发表意见。双方代表各手持一个圆形纸片讨论着,都下定决心要把对方说服。经过讨论准备,小小辩论会开始了。

正方代表把手中的圆平均分成两份(如下图),问道:"我是不是把这个圆分成了两份?"

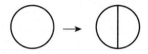

反方代表点头应答:"是,是。"

正方举起其中的半个圆,问:"这份是不是这个圆的二分之一?"

反方:"是,是啊。"

正方当仁不让:"既然是二分之一,为什么不同意这种说法?"

此时,反方同学虽然口称"是,是",心里却很不服气,该是他们反驳的时候了。只见,反方一个代表顺手从圆形纸片上撕下一块纸片(如下图),高举着分得的两部分大声问:"这是分成两份吗?"

正方回答:"是。"

反方接着把撕下来的一小部分举在面前,用挑战的口吻问道:"这是圆的二分之一吗?"

正方的底气已经不足了,小声地说:"不是。"

这时反方代表咄咄逼人地质问:"既然不是二分之一,为什么你要同意这种说法呢?"

正方服气地点了点头，不好意思地站到了反方的队伍中。

一场别开生面的辩论会到此告一段落，吴老师紧紧握着反方同学的手："祝贺你们，是你们精彩的发言给大家留下了深刻的印象。"这时吴老师并没有忘记身边的正方同学，仍然深情地握着他们的手说："谢谢你们，正是因为你们问题的出现，才给咱们全班带来一次有意义的讨论！"老师彬彬有礼地向他们深深鞠了一躬，说："谢谢！"孩子们笑了。

[赏析：别小看了这一次握手、一声感谢，这无不代表着吴老师对孩子们的热爱与尊重，体现着吴老师以学生发展为本的教育思想。]

小小辩论会结束了，折绳比赛又开始了。同学们边动手边讨论如何准确快捷地折出它的八分之一。同学们跃跃欲试，不由自主地站起来，举着他们的"研究成果"给大家看。

"同学们请看，像 $\frac{1}{2}$、$\frac{1}{3}$、$\frac{1}{4}$、$\frac{1}{5}$、$\frac{1}{8}$ 这样的数都叫作分数。你们还能举出几个分数来吗？"吴老师的话音刚落，同学们积极地举起手来，一个接一个地说着：$\frac{1}{7}$、$\frac{1}{9}$、$\frac{1}{10}$……吴老师轻声问大家："我们这样说下去，能把分数说完吗？"一个小伙子迫不及待地说："我知道了，分数有无数个。""对，分数的个数是无限的。"

接下来，是分数各部分名称的介绍。吴老师先请同学们命名，孩子们把分数线命名为"平均分线"突出了分数线的本质含义，大概是受了"分母"的影响，孩子们给"分子"起名为"分父""分公"，体现了分母与分子的密切关系。在笑声中同学们用自己喜欢的方法，巧妙记住了分数各部分的名称。

$$1 \longrightarrow 分子$$
$$- \longrightarrow 分数线$$
$$3 \longrightarrow 分母$$

三、反馈练习

练习开始了，同学们兴奋地用分数表示着下列各图的阴影部分。

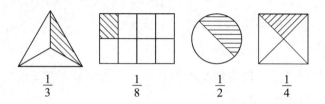

$\dfrac{1}{3}$ $\dfrac{1}{8}$ $\dfrac{1}{2}$ $\dfrac{1}{4}$

接着判断练习开始了，大屏幕上出现了以下图形，请同学们判断各图中的阴影部分能否用下面的分数表示。

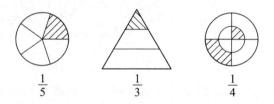

$\dfrac{1}{5}$ $\dfrac{1}{3}$ $\dfrac{1}{4}$

当同学们判断到最后一幅图形时，意见出现了分歧，他们用自己的理解表述着、争论着，进一步加深了对分数含义的理解。

在愉悦的气氛中同学们完成了读分数、写分数的练习。

四、总结提高

吴老师请同学们结合生活实际，用分数说一句话。一生说："我家有 3 口人，我占全家人口的 $\dfrac{1}{3}$。"另一生说："我们组有 7 个人，我们组的人数占全班人数的 $\dfrac{7}{50}$。"……当一个学生说到"我爸爸买了 100 个鸡蛋，打碎了一个，打碎了的正好占这些鸡蛋的 $\dfrac{1}{100}$"时，吴老师顺手将 $\dfrac{1}{100}$ 写到了黑板上，

并特意把开始上课时坚持用画图方法表示分数的那位同学请上来，说："$\frac{1}{100}$

该怎样用你喜欢的画图方法表示呢？请你试试看！"只见这位同学认真地画着，画着画着停住了，他扬起小脸说："老师，这种方法太麻烦了，还是用分数表示好。"边说边使劲把开始画在黑板上的桃子图擦掉，这位个性极强的孩子此时心服口服地接纳了分数这个新朋友。

最后一个练习——猜一猜。

银幕上出现了两条被遮挡起来的线段，只露出其中相等的一部分，请同学们猜猜哪条线段比较长。如图：

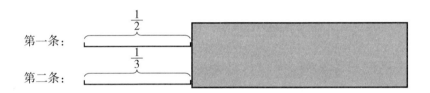

同学们互相猜测和议论着，各自申诉着自己的理由。这个谜底就要揭开了，同学们屏住了呼吸，教室里安静极了。吴老师煞有介事地说："谁对谁错呢？请——看——这——里！"故意把话一字一字地断开，引起孩子们高度的注意。突然，吴老师轻轻按动鼠标，遮盖在线段图上的纸片不翼而飞，两条线段直观地展现在孩子们面前：

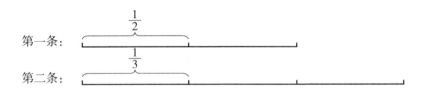

"耶——"孩子们欢呼起来，猜对了的同学高高举起小拳头，猛劲地向空中挥动。"耶——""耶——"教室里沸腾了！

《分数的初步认识》这节课，就在同学们高昂的情绪中结束了。

[赏析：分数初步认识的学习和生活建立联系，尤其是用部分推知整体，让学生进一步感受部分和整体的关系，进一步感受分数产生的价值，同时也巩固了对分数的认识。]

在小学数学教学中，从整数到分数的过渡，对于学生来说是认识上的一个飞跃。吴老师首先借助孩子们熟悉的生活引出分数知识，化抽象为具体、寓枯燥于趣味，使学生体会到分数来源于生活。老师让学生们用自己喜欢的方式表示"半个"，新颖独特，妙趣横生，体现了在学生原有生活经验和认知的基础上进行学习的建构主义教学理念。

学生自始至终置身于教师为其创设的发现和讨论的情境之中，兴趣盎然，积极主动地参与探讨、质疑、创造等教学活动，让学生在思考、交流、倾听、争论和发现中学习数学知识，并逐步完成对知识的理解和深化，充分发挥了学生的主体作用。

吴老师以独具匠心的设计、细腻灵活的诱导，将学生推上了自主学习的舞台，真正把学习的主动权交给了学生。她利用小组合作学习、辩论等多种形式，培养学生独立思考、勇于创新、善于表达的能力。同时使学生在倾听与辩论、接纳与赞赏之中，学到与他人交流的技巧，这对于学生的综合能力和人格完善大有裨益。

吴老师以满腔的热忱、高超的教学艺术和真诚的爱心，强烈地感染着孩子们，紧紧地抓住了孩子们的心。她从不轻易否定学生的回答，总是以热情的鼓励、耐心的等待和巧妙的疏导与孩子们同喜同忧。在她的课上，我们不仅能感受到知识信息的传授、思维的碰撞，还有心与心、情与情真诚地交流。其独特的教学风格，炉火纯青的教学艺术，在这节课上得到了充分的体现。听吴老师的课，如同观赏精彩的演出，让人既精神愉悦，又回味无穷，难怪孩子们上她的课不愿下课，老师们听她的课不愿离开。

（上海特级教师　顾汝佐）

为什么把我的"桃子"擦掉?

这是多年前吴老师第一次上《分数的初步认识》这节课的情景。一上课吴老师就让孩子们结合生活经验,表示出自己所发现的生活中的一半的事例。同学们在黑板上画出自己心目中的一半,有的学生将一个圆分成两半,有的学生将长方形分成了两半,还有一个学生画了一个长着两片叶子的桃子和一把刀……在吴老师出示 $\frac{1}{2}$ 这个分数后,告诉学生所有这些都可以用 $\frac{1}{2}$ 来表示,这就是生活中的"一半",他们心中的"一半"。吴老师随手就把黑板上的这些图都擦掉了。这时,她发现刚才画桃的那个男孩很生气,用力地把文具盒一扣。下课后,吴老师问他:"刚开始上课时你那么积极,后来为什么不举手回答老师的问题呢?"没想到学生反问道:"你为什么要我们画,又把我的桃子擦掉?"吴老师尴尬地站在那里,陷入反思中,心里一遍又一遍地问自己:我真正尊重孩子了吗?他们鲜明的个性我该怎样面对?

她勇敢地面对自己的失误,调整了教学方案,在以后执教此课时,当学生在黑板上展示他们心中的"一半",吴老师用 $\frac{1}{2}$ 概括之后都会说:现在你们对自己表示的方法,愿意擦的可以擦,愿意保留的也可以保留。每每到这个时候都有学生不愿擦去,吴老师有意识地把他们画的用红笔圈起来,表示对孩子们的尊重。随着教学过程的深入, $\frac{1}{3}$ 、 $\frac{1}{4}$ ……出现,吴老师耐心地等待着……

看似有序的板书被打乱,但是孩子们感受到尊重别人和受别人尊重的快乐,一位教师要最大限度地理解、宽容、善待学生,这正是教师的魅力所在。教学的艺术,不只在于传授本领,更在于激励、唤醒和鼓舞。

(北京小学长阳分校　雷宇)

6 会说话的"圈圈"

——《重叠问题》课例①

一、排队问题作铺垫，感知"圈"的重要

吴老师用一个排队问题引出新课。"同学们，还记得小时候排队的问题吗？"吴老师边说边顺势请前面的一位同学走上讲台，"这位孙同学在站队时，从前面数是第 5 个，从后面数也是第 5 个，一共有多少人？"

"11 个""9 个""10 个"……吴老师的话音刚落，同学们个个胸有成竹地喊着自己心中的答案。吴老师不紧不慢地说："不急，想办法证明你的结论是正确的，可以画图、写算式。"同学们赶紧在练习纸上证明自己的想法。吴老师在巡视时请了三位同学到黑板上板演。看同学们都完成了，吴老师引导大家一起看黑板上的作品。

1. ○○○○○△○○○○○

2. 4+4+1=9

3. 5+5−1=9

吴老师指着画图的方法问道："数一数，一共多少人？"只见这位学生自信地说道："11 人。"吴老师笑着说："真聪明，想到用画图的方法解决。不过，再看看，孙同学是第几个？"这位同学越数越小声："1、2、3、4、

---

① 课例整理：董会　孙雪娜

5……6，第6个。"

吴老师故作疑惑地问："应该是第5个，怎么变成第6个了？怎么办呢？"只见这位同学想了想，拿起粉笔，轻轻地把图上的两个圆圈划去（如下图）。

吴老师问道："还是11个吗？"学生挠挠头，不好意思地说道："不是11个了。"吴老师摸了摸他的头，说："没关系，你看，错了就调整，错着错着就对了，聊着聊着就会了。"

[赏析：排队问题对于三年级学生来讲并不陌生，第一位同学的想法其实代表了很多同学的想法，实际上是把"前面数是第5个"想象成了"前面有5个人"，通过这样直观的画图又自己调整的方式，同学们很快找到了问题的本质，很容易接受，还能真正理解。]

接着，吴老师指着第二个学生的算式4+4+1=9，问道："4在哪儿呢？为什么要加1呢？"这位同学指着图说道："孙同学前面有4个人，后面有4个人，再加上孙同学自己1个人，一共就是9个人。"吴老师随着这位同学的回答，在图中进行了标注，就出现了下面的图。

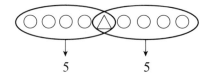

这时，吴老师引导着大家看第3位同学的算式5+5-1=9。吴老师皱了皱眉头说："图上哪儿有5呀？谁有好办法让大家一眼看出来？"一个反应快的学生立刻高举起了小手，他迅速地在黑板上圈出来两个"圈"（如下图），其他同学看后纷纷点头表示赞同。

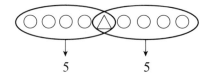

吴老师微笑着点了点头，对大家说："找到5在哪儿了吗？"

同学们异口同声地回答："找到了。"

"那减 1 是什么意思？"

对照着图，同学们就像是有了法宝一样，骄傲地指着图说道："算上孙同学，前面共有 5 人，算上孙同学，后面共有 5 人，但是孙同学算了 2 次，算重了，所以要减去 1。"

这时吴老师向同学们竖起了大拇指："你们真了不起！两个圈就把这个问题解决了。静下心来想一想，是什么让你们把算式看得这么明白？"同学们异口同声地答道："图。"吴老师欣慰地点点头："没错，画图就能够帮助我们直观地看出算式背后的道理，这就是数学学习的思维方式。"

[赏析：课一开始，对一年级就曾解决过的排队问题，学生之所以回答不一，主要是因为对此类问题的思考方法还不清晰。于是，教师便提出了动手画一画、动笔算一算，调动了学生的学习内在需求，有效地激活了学生原有的经验，让学生积极主动地投入到学习中去。从排队演示到画图形，体现了图形符号的便捷性；从画图到列式，体现了数字符号的逻辑性。这样不断提升学生的抽象逻辑思维，使学生的数学思维一层层地暴露并得以理顺。]

二、小组问题助思考，探究"圈"的意义

1. 抛问题，引发思考

"儿时排队的问题解决了，接下来咱们来说说课外小组的事情吧！"吴老师拿出准备好的学具，在黑板上贴出"数学小组"和"语文小组"的字样："有 5 人参加数学小组，7 人参加语文小组，一共有多少人参加课外小组呢？"这可难不倒同学们，大家齐声回答道："5+7=12。""那如果用学号怎么表示呢？"同学们说，吴老师在黑板上贴出来相应的学号。

$$数学小组：5人 \quad ①②③④⑤$$
$$语文小组：7人 \quad ⑥⑦⑧⑨⑩⑪⑫$$
$$\left.\begin{array}{l} \end{array}\right\} ?人$$

吴老师笑了笑，说道："这个问题很简单，根本难不倒我们。但是生活中

的问题往往会复杂一些，看一看，发生了什么变化？"话音未落，吴老师将板书调整为：

数学小组：5人 ①②③④⑤
语文小组：7人 ⑥⑦⑧⑨⑩④⑤ ⎫ ? 人
⎭

吴老师指着调整后的板书，问道："能看懂其中的变化吗？"同学们稍加思考，就纷纷举起了小手，吴老师不紧不慢地说："别着急，我们一起来研究一下。"

2. 做游戏，解决问题

"下面请两位同学到前面来摆一摆，把学号摆到相应的组下面。"

这时，两位同学自告奋勇地走上讲台，摆出下图：

数学小组　　语文小组
①②③④⑤　　⑥⑦⑧⑨⑩

吴老师对第一位学生说道："摆完了？赶紧问问同学们，你摆的对吗？"第一位学生自信地问道："我摆的对吗？"同学们异口同声地说道："对。"吴老师又转过头来问第二位同学："你呢，摆的对吗？"第二位同学为难地说："④和⑤被他拿走了，我的不够摆了。"吴老师催促道："是你的，快抢回来呀。"他像受到了鼓励，迅速地将④和⑤抢过来，摆在了语文小组的下面。

吴老师指着板书问："这回同意吗？"同学们在台下坐不住了，大声嚷道："不同意，那数学小组又不够了。"于是，第一位同学又把④和⑤抢回到数学小组。

……

看着台上两位同学你争我抢的样子，吴老师赶忙对全班同学说道："这样抢下去可不行，不能让他们打起来呀，你们有什么好主意吗？"瞬间教室里鸦雀无声，同学们都在默默思考着。

过了一小会儿，台下突然冒出一个声音："把④和⑤放在中间不就成了吗？"吴老师用鼓励的眼神示意这位同学上台，摆出了下图。

数学小组　　　　语文小组

①②③　　④⑤　⑥⑦⑧⑨⑩

接着，吴老师追问道："把④和⑤放在中间表示什么意思？表示是谁的呢？有没有更好的办法？"在吴老师的耐心引导下，又一个智慧的声音说道："可以在黑板上圈一圈。"说着这位同学飞快地走上讲台，自信地在黑板上画了两个大大的圈（如下图）：

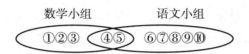

看着这两个大大的圈，同学们像是发现了宝藏一样，恍然大悟地使劲儿地点了点头。吴老师趁热打铁："为什么用圈儿圈起来？能解释一下吗？""圈起来以后能够清楚地看出④和⑤既是数学小组的又是语文小组的。"吴老师追问道："这都是谁的功劳？"同学们不约而同地喊道："圈。"吴老师一本正经地说道："那让我们给圈敬个礼吧！"同学们微笑着，跟随着吴老师一起发自内心地向圈敬了个大大的军礼。

[赏析：吴老师带着同学们在轻松愉快的氛围中进行了"抢"学号的游戏，别小看这个游戏，这里的圈和排队问题的圈有很大的区别，对于学生绝对是个不小的"难点"。因此吴老师及时调整了呈现形式，突破了同学们固有的思维模式，让同学们在圈的过程中拓展思维，加深理解。而吴老师风趣幽默地跟孩子们一起给圈敬礼，进一步让他们感受到圈的重要性。]

3. 会表达，理解价值

看着同学们沉浸其中，吴老师继续启发道："我们刚刚完成了解决问题的第一步，接下来让我们用数学算式表达出来吧，一共有多少人该怎么列式呢？"在吴老师的启发下，同学们都静下心来在纸上书写着自己的算式。吴老师巡视着同学们的作品，请了三位同学到黑板上板演。

吴老师先指着第一位同学的算式说："我们先来看看这位同学的算式：5+7=12（人）。"然后对这位同学说道："咱们数一数，看看一共多少人。你计算的结果怎么多了 2 个人呢？"只见他挠挠头，一筹莫展的样子。吴老师赶忙安抚道："先不急，我们看看第二位同学的。"

接着，吴老师引导大家一起看第二位同学的算式：5+7–2=10（人）。吴老师用一连串的问题引导同学们思考："为什么要减 2？ 5 在哪儿？ 7 在哪儿？"在吴老师的引导下，同学们纷纷跃跃欲试，高举着小手，说着"我来我来"。一位小男孩兴奋地跑到黑板前，用小手指着黑板上的"圈圈"图，说道："大家看，5 是数学小组一共有 5 个人，7 是语文小组一共有 7 个人，减去 2 人，意思就是④和⑤既在 5 里又在 7 里，算重了，要减去。"吴老师认真聆听着这位同学的发言，频频点头，在黑板上补充着：

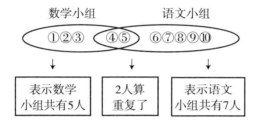

这时，吴老师还不忘转身询问旁边默默认真倾听的第一位列式的同学："明白为什么减 2 了吗？"只见他使劲儿地点了点头。接着，吴老师又面向全班故作疑惑地问道："那要是算重了 3 个人、4 个人呢？"学生们立刻举一反三："那就减去 3、减去 4。"吴老师放慢了语速说道："同学们，看到儿时排队的影子了吗？"顿时，同学们恍然大悟，自然地就把课外小组的问题与排队问题联系在一起，对重叠问题的本质有了深刻的感受。

这时，吴老师又指着黑板上的第三个算式"3+2+5=10（人）"，问道："谁看懂了？说说算式是什么意思。"一位学生立刻答道："3 人表示只参加数学小组的人数，2 人表示既参加数学小组又参加语文小组的人数，而 5 人则表示只参加语文小组的人数。"吴老师说："相当于把这些人用另一种标准分分类。"然后，吴老师微笑着问同学们"这是谁的功劳呀"，吴老师和同学们再一次郑重地给圈敬了个礼。

［赏析：学生从一开始学习数学就已经在运用集合的思想了，比如分类，有所不同的是，以前接触的是单个的集合，而本节课要用集合圈表示两个集

合的关系。教师能充分调动学生的经验，并不断地引领学生在原有的经验上进行解构与重组，不断启发学生，使他们的思维不断深入，让集合圈立体化地存在于学生的大脑中。从后来学生能够根据自己的理解拟出多种算式、运用多种解法，便可见一斑。]

4. 深入探究，拓展含义

在同学们初步感知了集合图各部分的含义之后，吴老师指着黑板上的图，抛出了新的问题："猜一猜，还会有什么新情况吗？"学生们说："还可能重复 1 个、重复 3 个、重复 4 个、重复 5 个、重复 6 个、重复 7 个……"甚至还有同学说"可能重复 8 个"，只见吴老师慢慢地拿出两个分别画了 5 个圆圈和 7 个圆圈的卡片，如下图。

吴老师请两位同学上台演示。
当没有人重复的时候：

当有 1 人、2 人、3 人、4 人重复的时候：

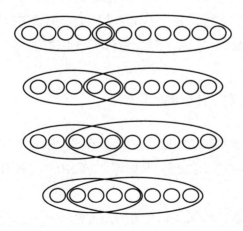

当有 5 人重复的时候，吴老师没有着急让学生演示，而是先让同学们想一想会出现什么情况，有的孩子说"小圈被大圈吞掉了"，真是这样吗？再来看看演示图：

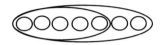

接着，吴老师让学生在刚才游戏的基础上，动手画一画两个圈的关系。

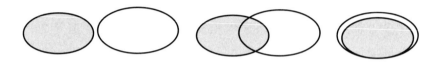

看到同学们若有所悟的状态，吴老师放缓了语速，问道："你能用自己的话说一说这三种图的特征关系吗？"

生：第一幅图，两个圈都没有交叉，你是你，我是我。

生：第二幅图，两个圈有交叉，你中有我，我中有你。

生：第三幅图，一个圈吞掉了另一个圈，我包含了你。

这时，吴老师欣慰地点点头，其他同学也纷纷给这三位同学鼓起了掌。

[赏析：因为有了前面的经验积累，教师的一句"还会有什么新情况吗？"一石激起千层浪，从不重复到重复，从最少重复 1 个到最多重复 5 个，学生的思维不断得到激活、深化。这样，不但丰富了课程资源，又实现了对数学思维的层层挖掘。学生不仅学会用集合思想进行分析，还能结合可能性进行解析，更是对"重叠问题"进行了自主建构。]

三、字母表示建模型，体会圈的价值

课堂最后，吴老师亲切地问道："能给我这堂课起个名字吗？"孩子们的答案五花八门："重叠""重复""画图课""圈圈课""既什么又什么课""分类问题课"……

吴老师接着说道："今天我们学习的是重叠问题。生活中还有很多类似的事。你能指着图，讲出这样的故事吗？"学生们争先恐后地走上台，一边指着图，一边讲述着他们心中有关重叠的故事：

生：有的人喜欢踢毽子，有的人喜欢跳绳，有的人既喜欢踢毽子又喜欢跳绳。

生：有的人喜欢故事书，有的人喜欢漫画书，有的人既喜欢故事书又喜欢漫画书。

生：有的人爱吃汉堡包，有的人爱吃薯条，有的人既爱吃汉堡包又爱吃薯条。

……

吴老师语重心长地说道："这么多生活中的问题都可以用今天的办法来解决，能讲完吗？"同学们齐声说道："讲不完。"接着，吴老师又说道："那我们能不能用字母来表示？用 A 表示左边的圈圈，用 B 表示右边的圈圈（如下图）。是不是也行？""行。"同学们大声答道。

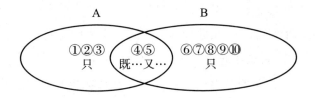

最后，吴老师微笑着问道："生活中有很多这样的问题。以后我们碰到重叠的问题，就可以请谁来帮忙？"同学们兴奋地齐声喊道："圈圈。"在欢乐的氛围中，这节会说话的"圈圈课"结束了，但是，同学们还沉浸在其中……

[赏析：在吴老师的课上，像这样富有生趣、具有师生个性特色的原生态语言不绝于耳。吴老师把数学语言的准确与形象、简洁与生动、严谨与幽默非常完美地融合在一起。总之，吴老师的整个课堂都能以学生为本，触发学生的知识本原，关注学生的思维发展，在学生的充分思考中对话文本，在课堂互动中捕捉学生的生成，并让知识在生成中不断深化。如游戏的设计、圈的自然引出、课堂中几次圈的过程，都是让学生运用数形结合思想，使图与算式相联系，算式与图一一对应。这使得学生对重叠问题的本质理解得更

加深刻，真正让学生在经验的不断积累中建构。这堂课，圈出了集合问题的精彩，圈出了数学思维的快乐。]

经历过程，习得方法，渗透思想

"重叠问题"是"数学广角"中的内容，这一单元的设计意图主要是渗透数学思想方法，让儿童对数学特有的思维方式和数学精神（理性精神和探究精神）进行感悟，结论本身并不重要，重要的是获得结论的过程。吴老师执教的这一课抛出了一个个"包袱"，使儿童不断产生认知冲突，用问题引导他们深入思考，感悟集合思想，探寻解决问题的策略。整节课教的色彩很淡，学的氛围很浓，学得明白，聊得舒服，是一节眼中有人、张弛有序、浅入深出的数学课。

纵观《重叠问题》教学实录，不难发现以下三大特色：

一、建构基于经验——在数学学习中关注学生的经验

经验是儿童数学学习的重要资源，学生的学习过程就是一个经验的激活、利用、调整、提升的过程，是建立在自身已有的知识和经验基础上的一个主动建构的过程。本节课吴老师的情境引入以学生身边的排队素材为切入点，通过画图、对话澄清认知偏差，最大限度地挖掘和对接了学生已有的经验；课中让学生去探究，"圈"出思考的痕迹，生成了新经验，让思维可视化；在课后练习时，关注学生的生活经验——"讲生活中重叠的故事"，帮助学生反思提升经验，体现了数学的概括性和价值性。

二、方法重于结论——在数学学习中关注思想方法的渗透

数学思想是数学知识的"灵魂"，它蕴含于知识的形成过程中，是对数学内在规律的理性认识，是数学知识与方法的高度概括总结。学生在探索活动中建立数学思想，反过来数学思想又帮助学生理解与解决数学问题。

在本节课中，让学生经历观察、比较、类比、猜测、验证、三种语言之间转换等探索、发现性的思维活动，在缓慢的思想方法渗透中，知识技能、

数学思考、问题解决、情感态度四方面的目标得以整体实现。

课堂上用参加数学组和语文组的人数作为素材，参加数学组的 5 人，参加语文组的 7 人，既参加数学组也参加语文组的 0 人，这是一年级学过的加法，也就是我们说的并集；两个小组中有 1 个人既参加了数学组，也参加了语文组，这就是我们说的交集。课本就到此为止了。吴老师在此基础上，逐步深入，让既参与数学组又参加语文组的人数越来越多，一直多到有 5 个人，此时就是子集和全集的关系。集合的思想跃然纸上，儿童明晰了概念的形成过程。环节的开放设计与延展体现了集合思想的应用过程，加法就是一一对应，把两部分合起来就是一个大的集合；随着两部分重合得越多，总数会越少。

三、思维源于挑战——在数学学习中关注思维的激活

小学阶段主要的思维方式有：比较、类比、抽象、概括、猜想—验证，其中"概括"是数学思维方式的核心。要使数学教学成为思维活动的教学，就要为这种活动创造良好的条件。思维能力的培养主要是靠启迪，而不是靠传授。

吴老师在设计时力求让儿童经历解决问题的全过程，从排队问题入手，到两个兴趣小组参加的人数中 2 人重复，再到有几人重复，用集合图记录，用数学符号表达，最终抽象到用字母表示重叠问题。情境安排环环相扣，层层递进，不仅有趣味而且充满了数学味；多样化的解决问题策略，又能在圈圈画画中对算式的含义进行合理的解释和说明，尊重了学生的差异，利用了学生的差异，把错误当成资源，让学生在互动交流中，不断丰富自己思考问题的方式和角度；最终进行抽象概括，建立数学模型，从而提高儿童举一反三的能力。在这一系列的活动中，学生的思维始终处于被激活、富有挑战的状态。

总之，本节课很好地诠释了数学知识之间的联系、数学和其他学科的联系、数学和生活的联系；关注儿童的认知基础，直面他们的数学现实，借助几何直观，让儿童的思维外显，很好地诠释了数学学科的本质。教师心中装着每一个儿童，立足于他们的未来发展，让数学变得有意思和有意义。

（北京市顺义区教育研究和教师研修中心　张秋爽）

"有时候停三十秒再发言，可能更精彩！"

在吴老师《重叠问题》的课堂上，气氛特别活跃，同学们也特别兴奋，享受着数学的魅力和快乐。可是，每当吴老师刚刚提出问题，同学们就跃跃欲试地说"我来""我来"，抢着发言，甚至有的同学站起来脱口而出，大大影响了其他同学的思考空间。

吴老师观察到了这点。在一次热烈的讨论之后，她问了一个问题。孩子们的小手一下子又高高地举起来了，有的还站了起来想要老师叫自己发言。

"别着急，其实有时候停三十秒再发言，可能更精彩！现在不需要讨论，每个同学独立思考。看着这个图我用什么样的算式就可以解读它呢？静静地，每个人都要思考。开始。"教室里沉默了。

当学生的思维达到顶峰，迫不及待想要展现时，吴老师引导学生别着急，停三十秒再发言更精彩。吴老师的目的不是让学生举手表演给听课老师看，而是着眼于学生思维的深度。所以，面对争相发言的"热闹"，吴老师却呼唤"沉默"。对于小学生来说，轻率地（甚至是从众地）发言，大脑可能处于静止状态；而当学生思考呈现出沉默时，每一个大脑都正在燃烧。

吴老师曾说："教育要有爱，但这里的'爱'应该是'真爱'。所谓'真爱'，就不仅仅是表扬和激励，还包括思维的帮助，学习的延伸，智慧的启迪。"而这里吴老师给跃跃欲试争抢发言的孩子们"泼冷水"，让他们"停三十秒再发言"，就是一种"思维的帮助，学习的延伸，智慧的启迪"。

吴老师不止一次对急着发言的孩子说："别急，要学会倾听，倾听里面可有学问了！"吴老师关于"静静地思考"的提醒，关于"学会倾听"的忠告，都不过是源于她一个朴素的理念：课是为孩子上的，不是为听课老师上的。有没有"观赏性"不重要，重要的是孩子的大脑是否真正转动起来。

（特级教师　李镇西）

1 溯本求源，体会"度量"

——《面积的认识》课例①

一、对接经验，问题引入

吴老师在黑板上写下了"面积"两个字，问大家："你们认识这两个字吗？"同学们异口同声地说："认识。""谁能说说你在哪儿听说过面积？"一个学生指着手里的正方形纸片："面积就是这个正方形的里面。"其他同学也纷纷发表自己的看法，一个小女孩说："我觉得面积是求一个东西有多大。"另一个小姑娘补充道："我在爸爸妈妈看房子的时候听说过。"还有一个小男孩迫不及待地说："我在《数学真好玩》的书上，看到过面积，它可以测一个图形或者一个东西的大小。"

吴老师听了学生们丰富的回答，微笑着说："看来你们对面积有点感觉，此时此刻，你们不想问问面积？面积啊面积……你能向面积提个问题吗？"一个问题激起了孩子们的思考，孩子们从不同的角度提出了问题。

"面积是什么啊？"

"面积是谁发明的？"

"面积应该用在哪儿？怎么求？"

"学习面积有什么用？"

……

---

① 课例整理：解建影　金千千　吴楠

[赏析：问题是数学的心脏。吴老师给出了"面积"两个字，引发了学生思考的涟漪，唤起了他们已有的经验，从而使他们对"面积"多角度地提出问题，激发了学生探索新知的动力。]

二、观察体验，理解概念

1. 文化渗透，追根溯源

吴老师听了孩子们的提问，回应道："我发现你们都是善于发现问题、提出问题的好孩子。比如说你们问的，面积啊面积，你到底是个什么东西啊？我得把这个问题弄明白了，后面的事情才好办。你们知道在什么时候，人类就开始关注面积了吗？"吴老师在筛选问题之后，聚焦了面积的由来，让学生们初步感知数学知识产生及发展的过程。

在思考的氛围中，吴老师娓娓道来："早在4000多年前，有一条河叫尼罗河，美丽的尼罗河弯弯曲曲地穿过了埃及的土地。但是它啊，一到夏天就发大水，冲走了牛羊，冲毁了庄稼。当水落下去的时候，有人就说了：这块地是我的。于是，用绳子或者石头圈了地，表示这块地是他的。又来一个人说：那块地还是我的呢。"吴老师边讲故事边在黑板上顺势画了两块不规则的土地。

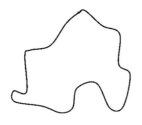 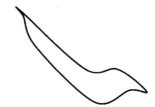

2. 巧用对比，初步感知面积

（1）涂一涂，感知面积大小。

吴老师随后请两位学生给这两块土地分别涂上红色和黄色，其余学生观察哪块土地大，哪块土地小。

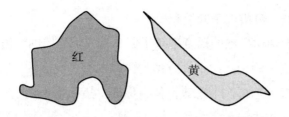

学生们非常肯定地回答："红色土地大，黄色土地小。"

（2）描一描，感知周长和面积的不同。

吴老师接着说道："红土地的大小就叫作红土地的面积，黄土地的大小就叫作黄土地的面积。"明确了两块土地的面积之后，吴老师又让孩子们伸出手指，描一描两块土地的边线。随着吴老师生动的语言"一圈的边线，在哪停，你们告诉我"，孩子们都伸出了小手指，完全投入知识的探索之中。指完之后，吴老师问道："这一圈就是这块土地的什么呢？"学生们答道："是这块土地的周长。"吴老师又组织学生伸手摸一摸土地的涂色部分，并问道："红色土地有多大就是这块土地的什么？"有几个同学争先恐后地答道："面积。"在经历了描红土地的边线和摸红土地的大小之后，吴老师继续提出问题："你们对面积有些感觉了吗？面积和周长一样吗？"

学生们有些不肯定地回答："不一样但好像又有点一样。"几个孩子也站起来表达了自己的想法，但是这些想法都是孩子们模糊的、不清晰的感受。面对孩子们有点感觉但又解释不清的状态，吴老师顺着孩子们的感觉，再次带领孩子们用手描边线、摸面积。当孩子们有了更加充分的感觉后，吴老师又一次追问："周长和面积一样吗？"这次孩子们很肯定地表达了自己的理解。

"不一样，周长长得像一条线，面积长得像一个平平的面。"

"不一样，面积被周长包起来了。"

"不一样，一个是外面的线，一个是里面的面。"

……

［赏析：学生们在吴老师的指引下，从数学文化走进生活经验，涂一涂、描一描、摸一摸，将"面积"与"周长"进行对比，丰富认识，剥离"周长"与"面积"。］

（3）刷一刷，分类中感知面积。

接着，吴老师用生动的语言把孩子们又带入了刷墙的情境当中："伸出手来，我们一起刷一刷，把这个长方形的面都刷满，刷满的地方有多大，这面墙的面积就有多大。再换个姿势，伸出你的手指，指一指这一圈边线，这就是一周，这一周的边线有多长就是它的周长。你对周长和面积又有了什么新感觉？"

一个常见的真实情境，简单的"刷"的过程，深刻地留在了学生们的心中，面积呀面积，你是一个面。

经历了数学文化中面积的由来，体验了真实情境中面积的形成，吴老师又出示了数学中的图形："你们要是认识它们，就喊出它们的名字。"

学生们快速地答道："长方形、正方形、三角形、圆。"

吴老师又出示了这样的图形：

她接着问："这些都是我们熟悉的朋友，你们能给它们分分类吗？"一个男生回答："我把上面的图形分一组，下面的图形分一组。"吴老师追问道："为什么这样分呢？"另一位学生补充道："上面的图形是封口的，下面的图形是开口的。"吴老师肯定地说："你们把它们分为两类，一类是封口图形，一类是开口图形，真形象。像这样封口的图形我们叫它们封闭图形，像那样开口的图形，我们叫它们不封闭图形。"

分类后，吴老师让孩子们接着想象："假如长方形下面的那条边，我们给它涂上颜色，让这条边慢慢地滚上去，就会出现什么情况？跟我一起刷一刷，紫色有多大，长方形就有多大。"孩子们感受了长方形面积的大小，继续想象着把正方形、三角形和圆都涂满不同的颜色。

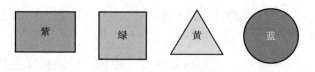

紫 绿 黄 蓝

吴老师紧跟着引导学生思考："这样的图形我们也来'刷一刷'。"

话音刚落，就有学生立刻反驳："这样的图形可刷不了呀！"吴老师故作诧异地问："为什么呢？"一位学生补充道："如果刷的话，整个屏幕就被刷满了。""刷满这个词用得特别准确，你的意思是从口那流出去了，流到整个屏幕，或流到屏幕之外都有可能吧。你还能确定这个图形到底有多大吗？"学生摇摇头："不好确定了。不封闭的图形，我们不能知道它的大小，只有封闭图形才有大小。"

［赏析：学生们经历了两次"刷"的活动体验，这两次"刷"的活动有利于学生深度参与学习。第一次"刷"是在真实情境中"刷"，学生们深刻感受周长和面积的不同。第二次"刷"是在数学图形中"刷"，学生们"刷"出来了封闭图形。前后两次的"刷"，学生们头脑中建立起对于面积的认识并细化了面积的概念。］

3. 举出实例，理解概念

问题是学习数学的钥匙，吴老师用开放的问题引导学生思考："面积只能长在图形里吗？还可以长在哪儿？"这个问题一下子打开了学生的思维，孩子们带着对面积的理解开始观察周围的环境。孩子们边说边用小手比画着："纸片上有面积。""数学书上有面积。""桌子面上有面积。""地板上有面积。""操场上也有面积。"……学生们积极地表达着自己的发现。吴老师回应道："刚才你们说了桌子、地板、操场等等，我现在说一个词——物体，你们理解吗？"这时一个学生兴奋地举起文具盒："这个就是物体。"吴老师肯定到："对！你能摸一摸它的面吗？"学生边摸边数："6个面。"吴老师指着文具盒的面说："我们摸的这个面比较小，这个面比较大。面的大小就是这个面的——面积。"

[赏析：吴老师遵循学生的认知规律，由浅入深地和学生共同经历"操作感知—形成表象—建立概念"的过程，通过层层递进的体验和反思活动，帮助学生逐步丰富和建构对"面积"本质意义的理解。]

三、动手操作，主动建构

1. 多种方法，比较面积大小

（1）重叠法。

吴老师出示了两张长方形纸片，让学生们猜一猜：哪个纸片的面积大，哪个纸片的面积小。

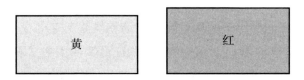

由于这两张长方形纸片的大小接近，大部分学生不假思索地回答："一样大。"面对孩子们异口同声的回答，吴老师追问道："有不同的声音吗？或者有不同的要求吗？"这时传来了一个小男孩弱弱的声音："我觉得可能不一样……"在吴老师的鼓励下，小男孩把两张纸片叠在了一起比了比。

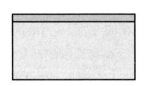

吴老师立刻追问全体学生："这个男孩做了一个动作，他想做什么呢？"学生们恍然大悟：他想知道它们两个谁的面积大一些。吴老师赞扬道："这个同学没有盲目地说一样大，而是将两张纸片重叠起来一比，就发现了黄色纸片的面积比较小。"

吴老师认真地说道："有时候，停下30秒好好考虑一下，再表达自己的意见，可能会更深刻。"

（2）计算法。

吴老师继续追问："除了把两张纸片重叠在一起比较，还有别的办法吗？"学生答道："测量长和宽，计算。""怎么计算呢？""（长＋宽）×2。"吴老师说："我听懂了，他想先求黄纸片的周长，再求红纸片的周长，然后谁的周长长，谁的面积就大。这件事我此时此刻不敢说，因为我没有试验，你们回去试验试验，再来判断这个结论，好不好？"

[赏析：对于周长和面积的学习，学生容易混淆。面对课堂生成的新问题——"周长越长面积越大吗"，吴老师没有给出明确的答案，鼓励孩子自己去探索研究，为知识的生长留出了更广阔的空间。]

（3）数格法。

吴老师和孩子们做了一个游戏，她先出示黄色纸片："男同学闭上眼睛，女同学都看我这儿，数好了有几个格子。"

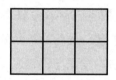

接着出示蓝色纸片："女同学闭眼，男同学观察。男同学看到了几个格子？"

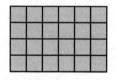

吴老师追问："那谁看到的纸片面积大？男生还是女生？"学生答道："男生看到的面积大，因为男生有24个格，女生6个格。"还有学生大声地回答："不能确定。"吴老师紧紧抓住这一回答，立刻追问道："为什么不能确定？""我们没有看见她们的格子有多大。""你的意思是说，数数时，可能有的格大，有的格小，数出来的数也不一样，所以不能确定。"

吴老师将两张长方形纸片重叠在一起，总结道："这两张纸片一样大。通过数格子，6 个格子和 24 个格子能只用数量来判断吗？用格子测量面积的大小，有什么新要求吗？"

一个男孩高高举起手回答："数格子是可以的，但格子必须一样大！"

吴老师接着出示两张不规则纸片："现在也不好重叠了，可以用什么办法呢？"

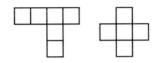

孩子们这次整齐地回答："数格子！"

接着吴老师出示一平方分米的正方形纸片，比着这两个图形，分别数出一张纸片是 6 个格，另一张是 5 个格。"这些图形不能重叠，我们可以通过数格子的方法，来比较出它们的大小，但是这些格子的大小必须一样。"

[赏析：课程标准指出，数学内容紧密联系学生的生活实际，在研究现实问题的过程中学习和理解数学。吴老师不断变化研究内容，让学生对面积单位的学习过程成为不同方法的发现与研究过程。比较面积大小的方法，从观察比较、重叠比较逐渐到数格比较，随着测量对象的不同，产生了不同的比较方法。在逐渐深化的过程中，学生们体会到了统一度量单位的必要性。]

2. 认识面积单位

（1）建立 1 平方分米的表象。

吴老师在黑板上画了一条 1 分米长的线段，问："一分米这把尺子是量什么的？""长度。""要想用这把尺子来量面积，有点不够用了，有没有量面积的工具呢？"孩子们举起手中 1 平方分米的正方形纸和黑板上的线段进行对比，发现测量面积的工具是边长为 1 分米的正方形。吴老师追问孩子："纸的面积有多大？"孩子们纷纷猜测：10 平方分米、100 平方厘米、1 平方分米。吴老师笑着揭示道："它的大小就是 1 平方分米。"

吴老师让孩子观察 1 平方分米的正方形纸，闭眼想一想，动手比一比，在头脑中初步形成 1 平方分米的表象。随后，对接学生的实际生活经验，找到生活中面积为 1 平方分米的东西。孩子们在此时遇到了困难，吴老师灵活地找到了解决问题的办法：让学生邀请了一位听课老师上台。这位老师高高举起自己的右手，学生们观察手掌的大小，和 1 平方分米的正方形纸片比较，恍然大悟：成人的手掌大小大约是 1 平方分米。学生们在这样的互动中受到了启发，打开了思路，找到了粉笔盒、闹钟、魔方、插座等表面的大小是 1 平方分米。

（2）在测量中应用 1 平方分米。

在孩子们对接生活经验之后，吴老师问道："1 平方分米是用来干什么的呢？""测量面积。"吴老师引导孩子们从测量数学书的封面、课桌的桌面，体会面积的累加过程。通过测量，孩子们积极举手回答：

"书的封面大约是 6 平方分米，一行摆 2 个，摆了 3 行。"

"桌面大约是 24 平方分米，一行摆 6 个，摆了 4 行。"

"文具盒的面积大约是 2 平方分米。"

"到现在为止，什么是面积呢？你们有体会了吗？"

[赏析：面积的学习，不是单一地学习面积，而是将面积置身于度量之中，丰富学生对度量概念的感知。吴老师专门让学生用 1 平方分米的正方形卡片当尺子，去找生活中面积大约是 1 平方分米的物体，并利用这把"尺子"，实际进行测量，使得 1 平方分米的正方形这个装着故事的"尺子"为学生所熟悉，为学生所喜爱。建立 1 平方分米的原始概念尤为重要，不能仅仅停留在背概念上，更重要的是可以用身边的例子解释、说明。]

四、建立标准，感受价值

吴老师出示 1 平方分米纸片："现在把它撕成丑八怪的样子，请问这些碎片合起来还是 1 平方分米吗？为什么啊？"

学生们经过思考回答："是，因为它们还是这个正方形的碎片。样子虽然变了，但老师没有拿走其中的任何一部分，所以这些碎片合起来还是 1 平方分米。"

吴老师此时意味深长地说道："数学就是透过这些表面的现象看到不变的东西，这才是会学习的真本事呢！"

[赏析：就是这样一个小小的撕纸片的活动，体现了度量的可加性，等积变形的种子就这样植入学生心中，为日后观察问题的角度和平面图形面积的学习奠定基础。]

吴老师继续问道："我还有一个疑问，既然你们手里有 1 平方分米，我这也有 1 平方分米，为什么不选这个作单位呢？"

一名学生自信地说："正正方方的能铺满；丑八怪铺不满，还里出外进的。"

吴老师感叹道："我们的祖先就是这样聪明，度量面积时都选这些方方正正的图形，不仅能铺满，还能数出它的面积呢。如刚才我们量桌面的过程，就是用这样方方正正的图形 1 平方分米去度量的，每行摆了 6 个，摆了 4 行，是 4 个 6，一共是 24 个 1 平方分米。所以桌面的大小就是 24 平方分米。"

[赏析：活动中运用密铺的思想，为学生日后面积公式的推导奠定基础，积累了数学活动经验，同时也孕伏了面积就是面积单位的个数累加。看一个图形里含有多少个面积单位就是它的面积，进一步体会面积的本质含义。]

五、回顾反思，内化提升

一节课就要到尾声了，吴老师继续问孩子们："一节课上完了，谁来说说到底什么是面积呢？"

"面积可以长得方方正正，可以长得像三角形、圆等，也可以长得丑八怪模样。"

"面积有大有小，需要用同样大小的格子去摆放，摆满了，计算个数就可以得出图形的面积。"

"面积就是指封口图形边线里面部分的大小，开口图形可没有面积，一刷就会流出去的。"

吴老师的脸上露出了满意的微笑："你们知道了什么是面积，那面积长在哪儿呢？"

"长在书面上。"

"长在物体上。"

"长在物体的一个面上。"

"长在日常生活中。"

吴老师接着问："你们理解得很好！还有最后一个问题，面积有多大？"

"要想知道面积有多大，用同样的面积单位去摆，就能得出来。"

"谁能继续说明白她的意思？"

"我听明白了，举个例子吧。数学书的封面有多大呢？可以用 1 平方分米的尺子去量，一行，量了 3 次，也就是 3 平方分米，有这样的 2 行，所以 3×2 就是 6 平方分米。"

吴老师露出赞许的目光，说道："孩子们，你们既会思考也会表达，真棒！看来你们这节课有着很丰富的活动经验，能为后续学习打好基础。"

[赏析：一堂课的最后又回到生活中，再次让学生广谈收获与认识。纵观整堂课，学生的认识从感性到理性，体会到面积的大小决定于面积单位的个数。吴老师课堂上并没有呈现抽象的数学概念"物体表面或平面图形的大小叫面积"，但概念的本质融在各个数学活动中——从度量的角度认识面积。]

评 析

"面积的认识"属于图形与几何领域中的图形测量，是在学生初步认识了周长的基础上进行的一节几何概念教学课。对于图形人们往往除了关注它的样子（特征），还要关注它的大小。图形的大小需要通过度量来确定，度量的关键是建立单位，而度量的实际操作就是测量。图形的测量在小学数学教学中占有重要位置，度量单位的确定、测量过程的经历及测量结果的获得，能帮助学生由对物体的定性描述发展到对物体的定量刻画，有助于学生在理解常见的量的基础上用数量描述现实生活中的简单现象，发展数感；有助于学生在对图形大小的描述与表示中，在对图形的转化、想象、分析与推理中发展空间观念。

一、遵循学生认知规律，重视概念的形成过程

"面积和面积单位"是非常重要的概念，"面积"是对二维物体大小的一种度量，学生由线到面，要经历从一维到二维的一次质的飞跃，对于学生空间观念的形成是一次很重要的过程。陶文中老师认为："面积有三个要素：图形应是封闭的，有边界线，不开口，内部的大小是面积。图形面积的大小与周长有关，与边界的长短有关。面积是各个部分之间的和（密铺），是可以测量的，可加可减。"确实，学生掌握概念是有一个认知的过程的，即感觉、知觉、记忆、想象与思维。

吴老师的这节课充分尊重了学生对概念的认知规律。课伊始，吴老师先唤醒学生对于面积的认知经验，用"在哪儿听说过面积"这个问题对接学生对面积的初步的、朦胧的感觉。之后又用"在什么时候，人类就开始关注面积了"这个问题引出了两块大小不一样的圈地面积，孩子们指一指边线，涂一涂大小，初步感知了周长与面积的区别。这时孩子们心里对面积的感觉加深了一些，尤其对比着周长来感知。此时吴老师又巧妙地引出了"刷墙"的真实情境，随着"刷"的动作展示，孩子们心中对于面积的感觉也逐渐清晰了起来：刷上油漆的部分就是墙的面积；而面积概念的建立需要多个例证。吴老师又出示两组数学上的图形，带着儿童一步一步地深入探究，从分类到描述，伴随着孩子们生动的语言——"这样的图形可刷不了呀""如果刷的话，整个屏幕就被刷满了""不封闭的图形，我们不能知道它的大小，只有封闭图形才有大小"，孩子们深刻地体会到了封闭图形才有面积。

在大量的交流、操作、感知中，吴老师由浅入深地和学生共同经历了"操作感知—形成表象—建立概念"的过程，遵循了学生的认知规律，通过层层递进的体验和反思活动，帮助学生逐步丰富对"面积"意义的理解。

二、抓住概念的内涵与外延，突出度量本质

长度、面积、体积这三个概念都属于图形的测量。一般来说，一维图形的大小是长度，二维图形的大小是面积，三维图形的大小是体积，单位化思想是度量的核心。吴老师执教的《面积的认识》这节起始课仅仅围绕"度量"本质进行教学：什么是面积？物体表面或平面图形的大小叫作它们的面积。这只是对面积的描述，并不是严格的定义。如男女生一起玩的游戏，同样的一张长方形纸片，女生看到了 6 个格子，男生看到了 24 个小格。孩子们从中既体会到面积单位统一的必要性，又感受到单位个数的累积就是面积。

吴老师在这节起始课上，让学生从密铺的角度体会度量意义，从数面积单位的角度体会面积的含义与大小，从撕纸活动中体会等积变形……为后续学习打好基础，作好孕伏。

三、设计多种感知活动，体验中感知度量单位的实际意义

皮亚杰说过："活动是认识的基础，智慧从动手开始。"小学生要获得几何知识并形成良好的空间观念，更多的是依靠他们的动手操作。因而，吴老师在课堂中注重加强学生动手操作的活动设计，通过多种活动引导学生参与。特别重视学生身边的直观教具，学生通过多动手操作，调动了视觉、听觉、触觉等多种感官进行学习。

在 1 平方分米这个度量单位的建立过程中，吴老师创设了如下活动：

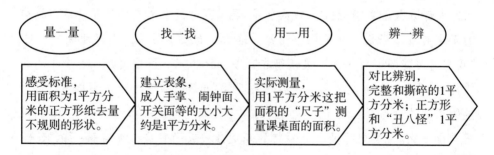

为了让学生能够很好地了解 1 平方分米这个面积单位到底有多大，吴老师让学生在教学现场找到了丰富的感知素材，让学生通过量一量、找一找、用一用、辨一辨等活动，充分调动多种感官参与数学体验活动，经历知识的建构过程，使学生更深刻地感受到 1 平方分米到底有多大，这样有利于 1 平

方分米概念的建立，更有助于学生在建立标准的基础上展开以后的度量与计量的学习。关于"量"的理解，吴老师没有把教学的重点放在概念的规范化描述上，而是立足于如何促进儿童对概念的真理解。

吴老师执教的《面积的认识》，内涵十分丰富。直面学生的已知与欲知，带着问题学；提供丰富的素材与活动，跟着感觉学；抓住概念的内涵与外延，围着本质学；营造分享的时间与空间，伴着快乐学。让学生经历缓慢的知识形成过程，让学生带着问题思考以及在自主探索、活动分享中获取知识、掌握方法、发展空间观念于课堂中得到淋漓尽致的诠释。

（北京市顺义区教育研究和教师研修中心　张秋爽）

课堂花絮

"我觉得可能不一样"

在了解了面积与周长的区别之后，吴老师又拿出了两张长方形纸片，让孩子们猜一猜哪张纸片的面积大。由于这两张长方形纸片，视觉上看上去差不多大，果不其然，孩子们异口同声地说："一样大！"吴老师似乎早已经预见了学生的回答，不慌不忙地继续说道："有不同的声音吗？"听到老师这么问，大部分孩子嘟囔着："一样大啊。"吴老师并没有着急，还是继续用期待的眼光看着孩子们，任他们去讨论。这时，有个小男孩，小声地说了一句："我觉得可能不一样……"吴老师在众多一样的声音里捕捉到了这个不一样的声音："来，大声地说出自己的想法。"吴老师把话筒递给了小男孩。这时候的小男孩仿佛接收到了老师鼓励的信号，大声地说："我觉得可能不一样，需要比一比。"吴老师又用她独特的表达方式鼓励着这个小男孩："来来来，到前边来，给大家说清楚你的想法。"吴老师搂着小男孩的肩膀把他拥到了黑板前。小男孩有点不好意思但似乎又透着一点骄傲，接过了吴老师递过来的长方形纸片，在黑板上边摆边给大家介绍自己的想法："把这两个长方形重叠，就能看出到底谁大谁小了。"随着小男孩的介绍，底下的孩子们发出了这样的感叹："呀！红色的长方形大！大了一个小边边！"这时台上的小男孩已经笑容满面了，仿佛干了一件特别了不起的事。吴老师搂着这个小男孩的肩膀意味深长地向大家说道："这个同学没有盲目地说一样大，而是重合起来一比，就发现了黄色纸片的面积比较小。同学们，有时候，停下30秒好好考虑一下，再表达自己的意见，可能会更深刻。"

如果此时的你，也身在吴老师的课堂上，你同样能深刻地体会到课堂上这种若有所思的味道。吴老师的课堂上，总会有这样的话语："不着急，慢慢来。""没关系，再想想。""没有别的可能了吗？""我们思考10秒钟再回答问题。"没有迫不及待地脱口而出，没有催促的急于求成，就是这样慢慢地让孩子的思考更严谨、更有深度。

（北京市顺义区杨镇小学　金千千）

[8] "刷"出来的乘法原理
——《搭配中的学问》课例①

一、在情境中，激发学生兴趣

一上课，吴老师就与同学们亲切地聊了起来："同学们，你们起床后，第一件事要干什么呢？"同学们争先恐后地说道："穿衣服。"吴老师听后微微一笑："穿衣服，然后洗漱完毕，坐在那里好好地吃早饭，最后还要背上小书包，高高兴兴地去上学。"

同学们坐得直直的，好奇又期待地听着吴老师说，仿佛在想：这是数学课吗？只见吴老师话锋一转："穿衣服、吃饭、走路，这些事情中有没有值得研究的数学问题呢？"

一听到这，同学们纷纷把小手举了起来。吴老师见状说道："需要研究的问题太多了，那么今天吴老师就和你们一起来研究穿衣服的问题好不好？"说罢，吴老师在黑板上贴了一件裙子的图片问："这是什么？"同学们齐声说："裙子。"又出示一件，问道："这个呢？"同学们说："衣服。"吴老师转过身指着另一件问："这个呢？""短袖。"同学们齐声答道。

吴老师指着两件同是上衣的衣服，对同学们说："这是衣服，这也是衣服，为了研究方便，这件衣服袖子短，我们就叫它短衣，这件衣服袖子长，我们叫它长衣。"说着她又往黑板上随意地贴了两件下衣的图片，亲切地问：

---

① 课例整理：庞英桥　王洋

"你们看这两件呢？"同学们脱口而出："长裤，短裤。"

[赏析：吴老师选用穿衣服的情境帮助学生学习搭配，这个场景学生非常熟悉。为了交流方便，吴老师和同学们一起给这些衣服起了不同的名字，简洁的生活语言，乍一看是为了便于表达，其实是培养学生的条理性。]

二、在独立思考中，尝试搭配

吴老师走到同学们中间，提出了问题："张小兰起床后遇到的第一个问题就是，眼前这么多衣服，有上衣，又有下衣，今天该怎么穿呢？你们想一想，如果只穿一件上衣和一件下衣的话，到底有多少种不同的穿法呢？大胆猜！"得到鼓励的学生们举起了小手，猜测着："4 种、5 种、6 种、7 种、8 种。"

吴老师在听到同学们的猜想之后说："到底是几种呢？你们说咱们怎么办？"同学们积极地思考着，一位学生说："配一配。"吴老师高兴地说："真好！那我们就像这位同学说的那样去配一配。你喜欢用什么方法就用什么方法，注意要让大家能看明白。此时此刻，谁都不要讨论，独立地想一想，或许你会有新的发现。"同学们纷纷动笔，认真地在纸上尝试着。在同学们独立思考的过程中，吴老师也一直在积极地寻找着将要交流展示的素材，她鼓励着一位又一位的同学写完就到台前来。在吴老师的调动下，同学们积极地思考着。

[赏析：有些学生在吴老师出示问题后很快就有了答案，但是吴老师并没有急于对正确答案进行阐释，而是鼓励学生把搭配的过程记录下来。这个过程既是学生对自己的答案反思的过程，也是学生思维外显的过程，同时为互动交流准备了大量的可视素材。]

三、在交流展示中，感悟有序思想

看到大多数同学都完成了，吴老师说："我们一起来看一下，同学们是怎样搭配的。"吴老师先请三位同学进行了展示。

生 1：我想把每种情况都写出来，但是还没有写完。

我把一件长衣与一件短裤穿在一起，再把一件长裤和一件短衣穿在一起，再把一件短裤和一件上衣……

生 2：我是用写字的方法，写出了 3 种。

长衣和长裤、短衣和裙子、短衣和短裤

生 3：我写了 6 种。

长衣——裙子　　　　长衣——裙子

短衣——长 kù　　　　长衣——长 kù

短衣——短 kù　　　　长衣——短 kù

师：请你给我们读一读好不好？
生 3：短衣配裙子，短衣配长裤，短衣配短裤……
师：喘一口气好不好？（有意识地请该生在此停顿一下）好，接着读——
生 3：长衣配裙子，长衣配长裤，长衣配短裤。
师：再喘一口气。（学生又一次停顿）一共几种？
生 3：6 种。
师：刚才同学们展示出不同的搭配方法，到底能配几种？
生：（齐）6 种。

这时，出现了一个不同的声音："8 种。"吴老师立刻追问："你怎么是 8 种呢？"这位学生看了一下，不好意思地说："我把长衣长裤、短衣短裤又配了一次。"

吴老师再次把问题抛给同学们："3 种怎么就不合适呢？"同学们说："不止三种，他还没有找到全部的呢！"

吴老师眼前一亮，连忙问："全部的有几种？"同学们答道："6 种。""你们找着找着就……"同学们接着说："找全了。"

此时，吴老师再次抓住生成，把"全"字记在了黑板上，并继续引发学生更深入地思考："到底全的标准是什么呢？"一位学生说："所有的都找了就全了。"吴老师继续追问:"那刚才的同学找到了 8 种,找的还多,难道不全吗?"这时,一位同学站了起来:"全,要不多不少。"吴老师接着问:"她说全的标准是不多不少,那我把长衣和长裤再配一次行不行?"同学们齐声答:"不行,那样就重复了"。

吴老师继续追问:"这 3 种怎么不行呢?"一位男生说:"那样可就少了。"同学们听后频频点头。吴老师继续引发学生思考:"你们一会儿长衣、一会儿短衣、一会儿长裤、一会儿裙子,拿着拿着就怎么样了?"一位女生说:"拿着拿着就糊涂了,乱掉了。"

吴老师转身把"乱"字记录在黑板上,并追问同学们:"怎么有人拿着拿着就乱了,有人拿着拿着就全了呢?"

同学们高高地举起了小手,吴老师引导同学们先把手放下,静静地思考:"同样的时间,同样的信息,为什么有的同学拿着拿着就乱了,我们怎样才能从乱到全呢?这是我们今天要好好研究的一个重要的问题。"

吴老师引导同学们静静地观察着 6 种搭配方法,并让同学们再次有节奏地读了起来。

生:长衣长裤,长衣短裤,长衣裙子。

师:长衣的事干完了,该干什么了?

生:该配短衣了,短衣长裤,短衣短裤,短衣裙子。

师:短衣也配完了,可是有点遗憾,刚才长衣配的过程没留下来。我们能不能把配的过程都留下来呢?

看着同学们紧皱的小眉头,吴老师笑着说:"那老师来帮帮忙。"只见吴老师拿起了黑板上的学具,边摆边说:"先拿长衣配长裤,再配短裤,最后配裙子,你们能把刚才配的过程用线连起来吗?"于是一名学生就在吴老师的引导下,将长衣分别与下衣用线连了起来。

紧接着,一位男生开始配短衣,他先将短衣连了左边的一件下衣,又将短衣连了最右边的一件下衣,中间的下衣是最后连的。吴老师看到了这个小细节,微笑着说:"要让我画,我可不这么画。"同学们异口同声地跟着说:"我也不这么画。"

吴老师连忙叫起一位女生问:"那你怎么画?"女生欠着脚,用小手边指着黑板边说："我先画左边的，再画中间的，最后画右边的。"吴老师指着这三条线继续追问："你为什么要这样呢？"女生说："因为这样不会乱掉"。

吴老师转身问第一位男生："看了她画的，你有什么想说的？""她画得比我有顺序。"男生马上说。

此时，吴老师不忘用亲切的话语鼓励着他："我发现你真会学习，你不仅也画了三条线，还发现你的同伴画的时候是有顺序的。现在你们知道怎样就不乱了吗？"同学们异口同声地答道："有顺序就不乱了。"吴老师满意地说："那我就把黑板上的问号擦掉，写上你们说的'序'。我们终于发现从乱到全的规律了，这个规律就是按照一定的顺序。"

[赏析：吴老师巧妙地设计了一个"读"的环节，让学生自己发现找全的原因是"有序"，没有找全的原因是写"乱"了，从而体会到"有序思想"的重要性。体验无序之乱，从读中悟序，交流方法，学生演示，教师演示等等，这些多层次的体验，让"有序思想"深深地印在学生的脑海中。]

四、在画图中，渗透符号意识

吴老师夸赞着同学们的想法，又巧妙地引着同学们进入了新一轮的思考："这个事解决了，我还想和你们讨论新的问题呢！"她挑选了一位学生的作品（如下图）放在了展台上，引导同学们观察："你们看这位同学想到了画图，也是个不错的方法。"

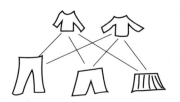

紧接着，吴老师又展示了一位同学的作品（见下页图）："这个图你们能看明白吗？"

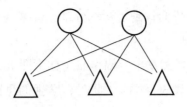

话筒递给了一位还没有发过言的女生，女生回答说："一个圆代表的是长衣，另一个代表的是短衣。"吴老师接着问："那三个三角形呢？"女生说："一个三角形表示长裤，一个三角形表示短裤，最后的三角形表示裙子。"

吴老师微笑着对作品的主人说："我看你一直在点头，是她读懂你的意思了吗？""是，我就是这个意思。"吴老师接着说："你看，被读懂也是一件令人快乐的事啊！"

吴老师又拿出一幅作品（如下图）引发同学们思考："我来之前，有个北京的同学也画了一幅图，我们一起来比较一下，看看是北京的好，还是你们这个好。"

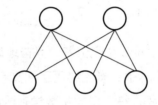

同学们的兴致再次被调动起来，睁大眼睛静静地等着。当作品放在展台上的时候，同学们脱口而出："不好。"吴老师疑惑地问："不好？怎么不好？"一位女生接过话筒说："这个不好，因为全都是圆，都不知道哪个是哪个了。"吴老师拉着女生的手说："好厉害的眼睛啊，你可真了不起，北京的小朋友画得倒是挺简单的，圈圈圈，可是我们并不知道哪个是上衣，哪个是下衣。而你们班这位同学把上衣和下衣给分开了，不仅用图形把这件挺复杂的事给表示出来了，更可贵的是他在表示的时候还进行了分类，一种图形表示上衣，另一种图形表示下衣，真是了不起，我建议把掌声送给这位智慧的同学。"

掌声过后，吴老师总结着学生的思考："刚上课的时候，乱糟糟的一片，就像'陷阱'一样，有的同学就跳进去了，有3种的，有8种的，最后我们发现 6 种是比较全的，我们找到了全的标准，原来找全的同学是按照一定的顺序找的，真是了不起！"

思考并未停止。吴老师拿出一幅作品（如下图）放在展台上："你们知道 1、2 代表谁，3、4、5 代表谁吗？"此时，学生的思路已经完全打开，自信地表达着。

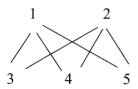

紧接着，吴老师又呈现了一幅作品（如下图）："你们同意吗？"

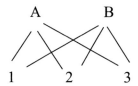

同学们被多种多样的表示方法吸引着，兴奋地说："这个也可以。"

[赏析：在吴老师的引导下，学生经历了从文字、实物到符号化的过程，从分类不清晰到清晰的过程。符号是学生数学表达和进行数学思考的重要形式，培养学生的符号意识有助于学生理解符号的使用，积累数学书面表达的经验。]

五、在"刷"声中，发现规律

在对学生的多种方法进行讨论后，吴老师开始和同学们一起发现其中的规律。

师：我们一起看黑板，把小手伸出来，一件长衣往下配的时候是几种？

生：3 种。

师：跟着吴老师一起说"刷"。

同学们比画着小手，跟着吴老师一起"刷"。

师：接着比画短衣，几种？

生：3 种。

师：又来了一件上衣，几种？

生："刷"，3 种。

师：再来一件呢？

生："刷"，又 3 种。

师：再有一件呢？

生："刷"，又有 3 种。

同学们被这种形象的表达方式吸引着，开心地笑了。

师：笑声过后，要有思考。同学们，如果现在你们的眼前有 9 件上衣，有多少种搭配方法呢？

生：27 种。

师：你怎么这么快就得到答案了？

生：因为有 9 个 3，三九二十七。

师：没想到 9 件上衣和 3 件下衣搭配，你们可以用这种方法这么快地算出结果。我们从下衣与上衣搭配的角度看一看，请你们也用手势和声音表示出来。

师：裙子和上衣。

生："刷"，两种。

师：长裤和上衣。

生："刷"，两种。

师：短裤和上衣。

生："刷"，两种。

师：如果再来一件下衣呢？

生：又有两种。

师：如果现在有 10 件下衣，能和这两件上衣搭配出多少种不同的情况呢？

生：2 乘 10 等于 20 种。

师：（高兴）看来你们在"刷刷刷"中又发现了新规律。

[赏析：在动手操作和"刷刷刷"形象的语言表达中，学生体会到了搭配问题就是几个几的问题。吴老师从两个不同的角度（从上衣开始搭配是2个3，从下衣开始搭配是3个2），让学生体会着乘法的意义，渗透着模型思想。学生的感悟充分了，对算法的理解也就水到渠成了。]

六、在迁移中，发散学生思维

为了帮助学生及时地巩固"新规律"，吴老师为学生创设了新的情境："每天上学前，我们都要吃早点，如果把两件上衣分别改成牛奶和豆浆，三件下衣分别变成包子、面包、汉堡，一种饮料和一种主食搭配算作一种情况，有多少种不同的搭配方法呢？"同学们脱口而出："6种。"吴老师惊讶地问："你们怎么这么快就知道了？"一位学生得意地说："这道题虽然是研究吃的，但是与刚才的问题是一样的。"

吴老师微笑着点点头："你们很会思考问题嘛！吃过早饭后，我们应该做什么了？"同学们答道："上学去。"吴老师继续引导学生运用"新规律"，提出问题："上学的路上还会有搭配的问题吗？小东同学每天上学的路上都要经过图书馆，从家到图书馆有三条路，这三条路可以怎样表示？"学生思考过后说："用1、2、3表示。"

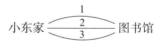

吴老师接着说："从图书馆到学校也有三条路，怎么表示呢？"一位学生回答说："用4、5、6表示。"而另一位学生马上反对说："用4、5、6不好，不容易与前边的路区分开，应该用a、b、c表示。"

吴老师继续追问："那小东从家到图书馆，再到学校有多少种不同的走法

呢？"话筒递给了一位男生："可以走的路线有 1a、1b、1c。"吴老师连忙说："不着急，大家帮他喘口气！"男生接着说："还可以走 2a、2b、2c！最后是 3a、3b、3c！"吴老师问道："一共是几种？"学生齐声说："9 种。"

吴老师满意地点点头，问："你们有什么想法？"一位女生说："只要按照顺序找，就能不多也不少。"一位男生紧跟着说："一个挨着一个找，才不容易找错。"另一位男生补充说："找的时候一定要有规律，这样才能够把所有的情况都找全。"学生们感悟着、总结着，一节课愉快地结束了。

[赏析：在新的情境中运用所学知识是巩固和应用的过程，这样的过程并不是简单的模仿，而是学生已有的知识、方法和策略的迁移过程，体现了学生对所学知识的理解程度。做事情有序思考的价值在于不重复、不遗漏。这两点，在课堂教学过程中学生体会到了，也感悟到了。]

评 析

认识吴正宪老师已有多年，但在现场观摩她的课堂教学，还是第一次。确实，与看教学录像不同，在现场能够更好地用心灵感受课堂的氛围与气场。吴老师的课堂教学有口皆碑，现场体悟，确有过人之处。这里略谈两点观摩感悟。

一、教学深入儿童的情感领域

早就听说吴老师是一位在街上随便拉几个孩子就能上公开课的老师。原以为这种特殊的教学能力得益于她出众的亲和力。现场看来还真不是"亲和力"三个字所能完全概括的。在整个教学过程中，吴老师举手投足间都洋溢着对儿童的尊重、理解和关爱，甚至她的每一个眼神、每一次微笑，都充满着对儿童的鼓励、期待和欣赏。因此，她的课堂犹如一个能量强大的磁场，其间涌动着温馨、扩散着激情、弥漫着快乐。于是，学生的潜能、智慧被磁化、被激活，绽放出生命的活力；于是，数学学习是那样的有趣、诱人，数学的魅力、教学法的效能被成倍地放大。

苏联的教育改革家赞可夫曾断言："教学法一旦触及学生的情感和意志领域，触及学生的精神需要，这种教学法就能发挥高度有效的作用，就有助于学生获得新知、净化心灵，是促进个性充分自由发展的有效手段。"这段话似乎就是为吴老师写的。

二、教学体现"四基"的课改追求

重视基础知识与基本技能的教学是中国数学教学的特点之一。如何与时俱进？由"双基"向"四基"发展已为多数教师所认同。吴老师的《搭配中的学问》这节课不仅"双基"扎实，而且在让学生获得数学活动经验与渗透数学思想方法两方面也有出色的演绎。

首先，与通常"作秀"式的公开课明显不同的是，吴老师的课堂力求关照每一个学生。思维敏捷的学生可以自己争取表现的机会，反应较为迟钝的学生在老师的格外眷顾下也有表现机会。比如，提醒完整表达有困难的学生注意倾听同学的发言，谈自己的理解，让出错的学生自我纠错，等等。这节课，真正做到了面向全体，"不让一个学生掉队"。

其次，吴老师从上课一开始就着力让学生获得数学活动的体验与经验。

先是有意将2件上衣与3件下衣打乱出示，以增加搭配的思考难度，激活解决问题的思维。

接着引导学生用简洁的生活语言，如短衣、长衣等，对裤子或裙子进行编码，以方便记录、方便表达。

然后让学生大胆猜测搭配方案的总数，学生出现了各种猜想。究竟有多少种不同方案呢？学生各自思索、各自尝试，这就使后面的互动交流等合作学习活动建立在相当充分的独立思考、独立探究的基础之上。

而后的交流更是精彩纷呈。学生急不可待地要求发言，用他们自己的语言、自己的表示方式，描述各自得出的答案与思考过程。比较各种答案，少于6种和多出6种的学生发现了自己的失误，知道了自己遗漏或重复了哪几种搭配方式。

最为出彩的是在交流、对话过程中吴老师引导学生自定评价标准，自己说出答案要"全"，要"不多也不少"，并让学生寻找出现遗漏或重复的原因是比较乱、没有按顺序搭配。吴老师抓住学生发言的闪光点，用"全""乱""序"三个字，自然而然地引领学生通过回顾、反思探究活动，总结了活动经验。这时，黑板上呈现了如下板书：

乱

↓ 序

全

　　这样的板书画龙点睛地概括了活动过程，揭示了学生的经验，令在场的听课老师叹为观止。

　　整个对话过程，既让学生经历了描述与表达、交流与纠错、评价与感悟的完整过程，又使学生在获得正确结果的同时，收获了数学活动的体验与经验。

　　其间，吴老师除了凸显有序枚举、不重不漏的数学思考要点之外，还有机地渗透了乘法原理：先"选衣"，再"配裤"，每件上衣都可配3种下衣，所以2件上衣与2条裤子、1条裙子的"搭配"总数是2个3。进一步，增加1件上衣呢？再增加1件上衣呢？如果有9件上衣呢？随着吴老师声情并茂的语言与肢体动作，学生对所有问题都给出了正确回答。教学现场的真实效果充分说明这一渗透是成功的。

（上海市静安区教育学院　曹培英）

课堂花絮

"我会梦见你的"

　　一次，吴老师在上完《搭配中的学问》一课后，一位小男孩在人群中快速跑到吴老师身边，抱住了吴老师，趴在吴老师的耳边悄悄地说："老师，我不想下课，我爱你，我会梦见你的……"同桌的小女孩也依依不舍，眼睛里闪烁着泪花……

　　这样感人的场景我们常常看到，每每吴老师讲完课后，明明已经下课了，仍然有许多小朋友久久不愿离去，他们纷纷诉说着自己对数学学习的美好感受和留恋，表达着对吴老师的喜爱与不舍。

究竟是什么让孩子们在短短的时间里与吴老师建立起这样亲密的关系呢？我努力地寻找着答案。

吴老师尊重每一个学生，她允许学生用不同的角度去探索和获取知识，允许学生用自己喜欢的方法学数学，她从不轻易否定学生的选择和判断，也从不强迫学生去认同。正如有的孩子说："我们最喜欢上吴老师的数学课，上课时想说就说，说错了也没关系。"吴老师总是这样，以热情的鼓励、殷切的期待、巧妙的疏导与孩子们思维共振，情感共鸣。她用那颗真诚的爱心感染了孩子们，贴近了孩子们的心。她以自己独特的教学艺术，把学生推到自主学习的舞台上，使他们真正成为学习的小主人。

做吴老师的学生好幸福！做一位像吴老师这样的教师好幸福！

（北京小学长阳分校　庞英桥）

9 自主构建数学模型

——《乘法分配律》课例 ①

一、发现并提出问题

上课的铃声响了，吴老师微笑着走进课堂："同学们，今天吴老师和大家一起学数学，我们一起看屏幕。你们看到了什么？"

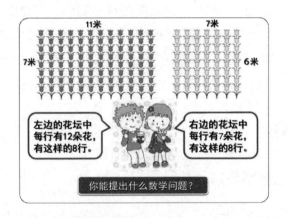

同学们提取出屏幕中的数学信息："左边的花坛中每行有 12 朵花，有这样的 8 行。"吴老师微笑着表扬道："真好，你不仅看到了有花，还看到了重要的数据信息。"一位学生接着说："右边的花坛中每行有 7 朵花，有这样的 8 行。"

---

① 课例整理：王洋

紧接着，吴老师提出了新的问题引发学生的思考："如果把左、右两个花坛的花都覆盖了，你又看到了什么？"一位学生高高地举起了小手："左边的花坛长 11 米，宽 7 米，右边的花坛长 7 米，宽 6 米。"吴老师肯定着同学们的发现："同学们都睁大了眼睛，努力地在这个情境中发现重要的数学信息。"

新的问题产生了："这么多的信息，你能提出什么数学问题吗？"一位学生大胆地说出了自己的问题："左边花坛的面积是多少？"另一位学生好像受到了启发一样，马上站起来说："右边花坛的面积是多少？"吴老师问："还有没有比他俩再勇敢点的？"此时，一位女孩声音洪亮地说："两块拼起来的面积一共有多大？"一位男生说："两个花坛一共有多少朵花？"吴老师微笑着说："面对一个情境，你们竟然能从不同的角度提出这么多的问题，同学们真能干！"然后，转身将男孩和女孩提出的问题写在了黑板上。

［赏析：学生之所以能够主动提出这么多想研究的问题，不仅源自吴老师精心设计的生活情境，而且源自吴老师给学生提供了充足的思考时间和空间。发现问题和提出问题的能力是创新思维的基础。在提出的众多问题中，吴老师引导学生抓住核心问题思考讨论，学生的思维已在这过程中慢慢打开。问题来自情境，从生活情境中提取数学信息，让儿童经历发现问题和提出问题的过程，新知识就蕴含于其中，而且情境的创设体现了多种功能。］

二、尝试解决问题

1. 独立尝试解决问题

有了真正想研究的问题，同学们迫不及待地开始了独立探索，这时的吴老师，并没有闲下来，而是轻轻地走入同学们中间，用心地关注着同学们的思考过程，寻找着一会儿要研讨的资源。最终，吴老师选择了四位同学将自己的想法板书在黑板上，并巧妙地安排了书写位置，为后面的研讨作足了准备。

学生板书如下：

$$（12+7）×8=152 \qquad 12×8+7×8=152$$
$$（11+6）×7=119 \qquad 11×7+6×7=119$$

2. 全班讨论交流

"我求的是有多少朵花。我是这样想的……"小姑娘写完后迫不及待地解释自己的想法。吴老师打断了她："你先别急着说你是怎么想的，让同学们来给你提问题，看他们懂不懂你的想法，好吗？"吴老师之所以"打断"，正是为了创造生生对话的机会，让学生在和同伴的交流过程中，不断提升思维能力。

就这样，你一言我一语，同学们在交流的过程中借助"数形结合"弄清了四道算式的意思。在过程中吴老师适时引导、及时点评，助推了学生之间精彩的对话和深入的交流。此时，吴老师只是一位参与者，完全融入其中。

[赏析：课堂上，吴老师经常创造生生对话的机会，鼓励学生走上讲台、自信地表达、勇敢地质疑，真正做到了让学生掌握学习的主动权。在生生对话时，吴老师认真倾听、适时点拨，总是在关键时刻才会"站出来"。]

三、独立思考，建立模型

1. 寻找感觉

在对算式充分理解后，一位女生举起了小手，好像有些重要的事情要说："老师，我发现左右两边的算式结果一样。"吴老师为这位女生的发现竖起了大拇指，接着提议："结果一样，我们就可以用一个数学符号连起来。"一位学生立刻说："我来！"只见他在两个算式的中间画了个"="。吴老师为了强调，又在学生板书的基础上将"="加重、加长，予以突出。

接下来通过师生、生生的对话交流得出了：$（11+6）×7=11×7+6×7$。

在征求板书学生的意见后，吴老师将学生计算的过程和结果擦去，修改完善板书如下：

$$（12+7）×8=12×8+7×8$$

$$(11+6) \times 7=11 \times 7+6 \times 7$$

紧接着，吴老师指着板书引导学生观察每组中的左右算式，问："你们有点感觉了吗？"此时，有五六个学生举起了小手。

[赏析：一句"你们有点感觉了吗？"把学生带到一种真真切切的体验之中，此时学生一定会仔细观察算式去寻找自己的"感觉"。悟性高、数感强的学生很快能找到"感觉"，但是吴老师并没有请这几位同学说出自己的感觉，而是投入到下一个问题解决中，保护了更多学生的"感觉"。让学生带着朦胧的感觉继续探究，不急于点破，不急于总结，不急于练习，等待产生更强烈的"感觉"的时机。]

2. 积累感觉

吴老师出示了新的问题情境，学生立刻被吸引了。

一个房间，正面墙长 4 米、宽 2 米，侧面墙长 3 米、宽 2 米。吴老师问："两面墙都要贴满瓷砖，要求贴瓷砖的面积，会求吗？"同学们异口同声地说："会！"吴老师顺势说："别着急，你们别看数小了，但这一次要求可提高了，刚才解决问题只要求写出一种方法就可以了，现在你们能试着用两种不同的方法求出它们的面积吗？"

学生写出了第三组算式 $(4+3) \times 2=4 \times 2+3 \times 2$，吴老师组织同学们进行了深入的交流。

有了三组算式的经验积累，吴老师指着板书再次追问："此时此刻，你们有感觉了吗？"此时，举手的学生明显增多了。

[赏析：第二次问："你们有感觉了吗？"再次引导学生去观察算式，不断积累"感觉"。]

3. 丰富感觉

此时，一位男生直接站起来说："老师，我发现算式只要是这样的，左右两边的结果就是一样的。"吴老师并没有急于追问学生，而是顺着学生的想法，引导学生将自己的"感觉"写出来："那你们能再写出一组这样的算式吗？"吴老师让学生沉浸在自己的感觉里，"犹看算式半遮面"，让学生深刻经历着数学建模这一必要的过程。

学生再次独立尝试，吴老师行间巡视，观察着学生们的"感觉"。还不时地在学生尝试的过程中及时鼓励学生："你都写了好几组了！"同时关注有困难的学生："没关系，我也经常遇到困难的，跟着我一起慢慢来。"吴老师引导这几位同学再一次在黑板算式前观察算式，并与之交流……温暖的话语，给了同学们不断探索的信心。最后，吴老师采访了两位同学，他们写的算式如下：

$$（19+81）\times 4=19\times 4+81\times 4$$
$$（4+6）\times 5=4\times 5+6\times 5$$

吴老师手指着第一个算式问："哟，你写的算式这么大数啊！你计算了吗？"

学生马上说："老师，我没算。"

吴老师惊讶地说："你没算？那你就敢用等号连起来啊！"

学生非常自信地说："你们看呀！左边是 19 加上 81 一共 100 个 4，右边是 19 个 4 和 81 个 4，合起来，不也是 100 个 4 吗？"

吴老师高兴地跟同学们说道："他能借助自己的经验，用过去的知识来解读今天遇到的新问题，掌声响起来！"

吴老师接着引导学生观察另外一位同学的算式："这个用算吗？"

同学们马上摇摇头："不用算了。"

[赏析：学生在自主写算式的过程中，已能够从乘法的意义的角度，深入体会乘法分配律的本质，已经由对乘法分配律感性的"感觉"，慢慢进入"抽象"的层次。学生在独立思考、合作交流、主动发现的过程中，体验着自主构建模型的乐趣，发展了数学思维。吴老师给儿童提供了丰富、合适的素材及充足的时间，让儿童参与模型的建构过程，这个过程是一个有体验的、缓慢的过程，不能省略和过快。儿童的参与、体验、建构正是数学思维形成不可缺少的过程。]

4. 表达感觉

经历了"抽象"的过程后，同学们开始将自己的"感觉"表达出来。

师：像这样的算式，如果让你们继续写下去，还能写吗？

生：能！

师：能写出多少啊？

生：（笑）永远也写不完。

师：（顺势而导）那这一类问题有没有什么共同的规律？你们能够用自己的语言把这个共同的规律写出来吗？

学生开始试着用自己的语言表达出这节课一直藏在心里的"感觉"，吴老师用心地寻找着一会儿交流研讨的样本。

吴老师将学生的五种想法有序地呈现出来：

1. 我发现左右两边的结果都是一样的，这样的式子永远也写不完。

2. $(3+7) \times 9 = 3 \times 9 + 7 \times 9$。

3. 一个数加上另一个数的和乘一个数，等于一个数乘这个数，加上第二个数乘这个数。

4. $(\square + \bigcirc) \times \triangle = \square \times \triangle + \bigcirc + \triangle$。

5. $(a+b) \times c = a \times c + b \times c$。

师：我们一起来看一看同学们写的。

生1：我发现左右两边的结果都是一样的，这样的式子永远也写不完。

师：的确，两边的结果是一样的。其他同学有什么建议吗？

生：3加5等于8，7加1等于8，结果也是一样的，可是式子长得样子和黑板上的式子不一样啊。

学生恍然大悟，马上明白表达中的问题所在。

生2：我写的是：$(3+7) \times 9 = 3 \times 9 + 7 \times 9$。

师：（面向全体）看到他写的，你们有什么想问他的吗？

生：我觉得他写的是对的，但是不能当代表，只能说明这个算式。

师：哦，你的意思是说2号同学的这顶"帽子"有点小了，盖不住所有

算式是吗？（学生点点头）

师：那什么样的算式结果是一样的呢？谁能用自己的语言把这个过程表达出来？

生3：一个数加上另一个数的和乘一个数，等于第一个数乘这个数，加上第二个数乘这个数。

师：你们能懂他的意思吗？

生：能懂。

师：真是越总结，越完善！还有其他表示的方式吗？

生4：我是用图形表示的：（□＋○）×△＝□×△＋○×△。

师：那这算式表示的是什么意思啊？谁能看懂？

生：他用方块代表一个数，用圆圈代表一个数，用三角代表一个数，那就是方块和圆圈的和乘三角，等于方块乘三角加上圆圈乘三角。

师：（面向全体）你们觉得4号同学的怎么样？能表示你们的意思吗？

生：（纷纷说）就是我想表达的意思。

师：（转向前三位同学）看到他的表达，你们三位有什么想说的吗？

生2：我觉得他的这个"帽子"好，能盖住所有的算式。

师：你的意思是他的"帽子"正合适，把所有具有这样规律的算式都包含了。此处应该有掌声！（教室里又一次响起了掌声）

生3：我也觉得他的好，因为他的简单，我的话太多，太啰嗦了。

师：这就是我们数学符号的简洁美啊！

生1：我也觉得他的好，因为他把算式的样子表示出来了，我就写出永远写不完，没说出什么样的算式。

师：是啊，你好像站在窗外说，这样的式子永远也写不完。你要勇敢地推开这扇窗，发现其中的规律。多会学习的三位同学呀，能反思自己，还能接纳别人的想法，我们也得给你们鼓鼓掌。

生4：我觉得5号同学比我写得更简单，更清楚。

5号同学写的是：（a+b）×c=a×c+b×c。听了4号同学对自己的夸赞，5号同学开心地笑了。

在精彩的讨论后，学生归纳概括出了"乘法分配律"。

[赏析：在儿童不同的表示方法中，吴老师有层次地展示着"样本"，由"窗外人""推开窗"，再到"构建模型"，最后"符号化"表达。每位儿童都能在黑板上找到自己的影子，儿童积极地参与到了讨论中，不断抽象出数学模型，感悟数学建模的过程。]

5. 验证"感觉"

就在得出规律之后，一位个子不高的女生若有所思地举起了小手："老师，我有个问题，这样的规律，适合所有算式吗？"吴老师听到她的问题后，由衷地笑了："你真是爱思考，太会提问了！是呀，同学们，咱们大家一起赶快研究研究吧！"同学们纷纷拿起笔开始验证。通过亲自举例验证，"乘法分配律"在同学们头脑中的印象不仅清晰，而且深刻。

[赏析：面对学生主动提出的问题，吴老师并不是急着回答，而是又将问题抛给了学生。一个小小的验证，无不体现着吴老师培养学生数学素养的追求。这节课上，吴老师先后让学生找找感觉、写写感觉、总结感觉、验证感觉，学生们不知不觉中跟着"感觉"经历了数学建模的全过程，最终实现了"符号化"。]

四、沟通联系，积累经验

在建立了"乘法分配律"的模型之后，吴老师并没到此结束，而是采用了"沟通联系"的方式解释并应用模型，帮助学生积累解决问题的经验。

吴老师问："同学们，你们过去见过乘法分配律吗？"学生纷纷摇头。吴老师出示课件，引导学生观察："这里有乘法分配律吗？"

$$
\begin{array}{r}
34 \\
\times\ 12 \\
\hline
68 \quad\longleftarrow\ 2\ \text{个}\ 34 \\
34 \quad\longleftarrow\ 10\ \text{个}\ 34 \\
\hline
408 \quad\longleftarrow\ 12\ \text{个}\ 34
\end{array}
$$

学生们认真观察，找寻着联系，发现了在写乘法竖式时，2个34再加上

10 个 34 的和，正是乘法分配律的应用。

吴老师评价："看来，那个时候，乘法分配律就已经跟我们见过面了。"

最后，吴老师进一步拓展："乘法分配律还能解决什么问题呢？让我们带着这种疑问，带着这种期待，课后回到生活中去找一找，看看在哪儿能见到它的影子，好吗？"

[赏析：吴老师紧紧围绕对儿童"推理、抽象、概括、符号化"数学核心素养的培养，通过创设情境、提出问题、构建模型、解释与应用模型，让儿童经历了建模的全过程。这节课以数学建模为主线，吴老师走进儿童的思维世界，充分与儿童对话，陪伴儿童一起思考，产生共鸣，课堂上儿童思维异常活跃，在自主建模的过程中丰富了"符号化"的学习过程，发展了数学思维。]

评 析

吴正宪老师的《乘法分配律》一课，不仅让我们欣赏到了吴老师的教学艺术，也让我们体会到了吴老师的教育思想，听后深受感动。下面我从新课标的角度谈谈自己的体会。

这节课，吴老师从实践的角度对新课标进行了解读。吴老师的很多教学行为已经超越了数学教学本身，体现出了很多重要的数学教育思想。所以说，吴老师的数学教学实践是中国数学教育研究的重要成果，也是中国教育的宝贵财富。这节课体现了吴老师在智慧课堂上的实践和创新，课堂教学概括起来有以下四个方面：

一、情感丰富

对老师们来说，要上好课，最重要的基础是热爱学生。吴老师课堂上的点点滴滴都体现出了她对学生的热爱，对数学教育事业的热爱。从她对学生亲切的态度中，我们看到吴老师真是发自内心地喜欢学生，喜欢教育。从吴老师与学生生动的对话中，我们也感受到了她的人格魅力。听过吴老师课的老师都有这样的感受：在吴老师的课上，学生喜欢老师，喜欢数学学习，进而喜欢数学。这是数学教学一个重要的特点，也是新课标特别倡导的一个方面——要关注学生的情感体验。在这里，我们强调情感与态度实际上是强调数学教学的德育性，强调通过培养学生积极的情感体验来培育人。在这个方面，吴老师是个楷模。

二、基础扎实

本节课，数学概念清楚、教学过程流畅、基本要求明确、知识转化成能力体现到位。比如，要求学生解决问题时，老师要求学生能列综合式的尽量列综合式；老师在课堂上要求学生除了思考以外，还要亲自动手算一算；另外，非常重视学生的课堂表达，促进学生对乘法意义的理解，抓住了这节课的数学本质；等等。这些特点在这节课上体现得非常充分。

三、思维活跃

在吴老师的引导下，学生思维非常活跃。这节课的一个基本特点是，教师让学生在建模的过程中发展数学思维。"乘法分配律"的学习不是老师灌输，而是学生自己建模的一个过程。在这个过程中，老师关注到了这样几点：（1）让学生提出问题。课程标准中非常强调提出问题，提出问题和发现问题的能力实际上是创新思维的基础。吴老师利用花坛的题目引导学生提出问题，学生提出了很多问题，老师抓住核心问题组织大家开展讨论。（2）留给学生充分的思考空间，让学生充分参与，特别是鼓励算法多样化和学生思考方法的多样化。（3）让学生充分表达，注重让学生"讲"数学。数学是要"讲"的，在"讲"的过程中能促进学生对数学的理解。（4）关注学生解决问题和拓展应用。在这个过程中，让学生体会一些重要的思维方法，包括推理、猜想、验证等。

四、文化深厚

能够上好一节课，实际上是教师在长期的教学实践中积淀了自己的教学文化。所以，我认为，我们学习吴老师，不仅是学她的一招一式，更重要的是学她如何去积累自己的教学文化，形成自己的教学个性。吴老师的教学文化体现在：（1）尊重学生。在这节课上，我们从很多的细节中看到了教师对学生的尊重。（2）人格魅力。课结束了，学生拉着吴老师久久不愿离去："吴老师，您什么时候再来，我们喜欢您！"我想，这是对吴老师人格魅力的最好褒奖。（3）关注隐性课程。任何一堂课实际上都是有两个层面的，一个是学生学习数学知识、发展数学能力的过程，另一个是在学习数学的过程中，渗透情感、态度、价值观，培养学生人格的过程。这节课就充分体现了对学生情感、态度、价值观的关注，也是教师对隐性课程的关注。

课堂上，吴老师循循善诱，她的精彩"语录"，体现了她深厚的教育功底和先进的教育理念，充满着智慧的火花，是非常值得我们学习的。这里采撷部分与大家分享：

"这么多的信息，你能提出什么数学问题吗？"这句话的目的是引导学生提出问题，把"提出问题"的教学很轻松地渗透其中。

"掌声响起来，请给这位会提问的同学！"当学生提出问题的时候，及时地给予鼓励，这样的鼓励非常到位。我们说中国的学生不会提问，是因为我们课堂上没有把提出问题的要素渗透进去。今天，吴老师的教学很好地体现了这样的特点。这是课程标准的一个很重要的理念。

"给点掌声吧，真的挺好的！"这发自吴老师肺腑的话，令学生非常感动，这是与学生非常好的心灵的对话。

"没关系，我也经常遇到困难的，跟着我一起慢慢来。"关注学习有困难的学生，引导学生正确对待学习中遇到的困难，并鼓励他们克服困难。

"他能借助自己的经验，用过去的知识来解读今天遇到的新问题，掌声响起来！"鼓励学生用自己的语言去解释数学概念。

"那这一类问题有没有什么共同的规律？你们能够用自己的语言把这个共同的规律写出来吗？"引导学生对数学学习进行有价值的总结和提升。

……

吴老师之所以形成这样的教学艺术，我觉得，来源于她"读懂教材、读懂学生、读懂课堂"，通过深入地研究教材、研究学生、研究课堂，从而形成了自己对课堂的独特理解。这背后更是她对学生的热爱、对数学教育事业的热爱，这是上好课的基础。

（华东师范大学课程与教学研究所　孔企平）

"他的'帽子'好，都盖住了！"

一次，听完吴老师的《乘法分配律》一课后，吴老师生动形象的儿童语言，给我留下了深刻的印象，让我体会到数学课还可以这样有意思。

课上，吴老师鼓励学生用自己喜欢的方式表达发现的规律，一位学生想用算式的方式表达自己的想法，他写道：$(75+25)×36=75×36+25$。面对这样的错误资源，吴老师并没有置之不理，而是抓住这一生成，把它作为"宝贝"一样，组织同学们讨论了起来。同学们很快发现了其中的错误，这时，吴老师说："一个一个地运走，不如'打包'一次运走。"学生一听全乐了。"打包"这一幽默且形象的语言触动了学生的心弦，学生不仅轻松地记住了方法，而且感受到了数学是那么的亲切而且有意思。

学生马上改了过来：$(75+25)×36=75×36+25×36$。然而，讨论并没有结束。吴老师问："你们还有什么想说的吗？"一位男生高高地举起了小手："我觉得他的改完了也不能当代表，只能说明这个算式。"听了学生的评价，吴老师顺势说："你是觉得这顶'帽子'有点小了，盖不住所有算式是吗？"吴老师形象地把算式比作"帽子"，这一非常贴近学生生活的词语，让学生一下就体会到了所要表达的规律要有概括性。当吴老师展示"$(□+△)×○=□×○+△×○$"时，一位学生激动得说："他的'帽子'好，都盖住了！"从众多例子中抽象出规律，这一建模的过程对于学生来说是个难点，而"帽子"一词，润物无声地让学生感受到了建模的关键。

课堂上，吴老师经常抓住学生的生成，结合学生的生活经验，用一些学生易懂的词语来渗透一些"大道理"。高深莫测不如简单明了。吴老师可亲又可爱的"儿童话"，不仅让学生听得懂、记得牢，而且让学生深深地爱上了她的数学课。

（北京小学长阳分校　王洋）

⑩ 细化单位，精准表达

——《小数的意义》课例 ①

一、从学生实际问题入手，激活经验与思考

复习引入环节后，吴老师在黑板上写出"小数"，轻声和孩子们交流："你们在曾经的学习中初步认识过它。小数在你们心中长什么样？"学生静静地思考着。吴老师又提示道："它长得什么样？又表示什么？可以举个例子说说。"在吴老师细如流水般的启示下，孩子们慢慢有了感觉。

一个小男孩儿慢慢举起手来，边用手拽着自己的衣服边说："小数得有0，还得有个点儿，后面有个2，就是0.2。"吴老师笑着说："我听懂了，有个0，还得有个点儿。"接下来孩子们纷纷举起手表达自己的想法。"得有个小数点。""我听懂了，你的意思是有个0，还得有个小数点。"吴老师边说边在黑板上作了标注。这时吴老师让一位举手的小姑娘表达自己的想法："30是整齐的数，小数是不整齐的数，比如0.3就是不整齐的小数。"又一位女孩回答："不一定，小数代表的是后面比1还小的数。""我听懂了，你们的意思就是小数是比1还小的数。"吴老师继续追问道："你能举个例子吗？"有的学生举例道："0.86这样的数就是小数。""小数可以用来表示多少元，0.5元是5角。"吴老师边和孩子交流边把例子记录下来。

［赏析：吴老师先了解学生对小数的认识程度，从而激活学生对小数的

---

① 课例整理：陈春芳　李朝霞

已有经验，确定本节课学习的起点。]

　　吴老师举起 1 元钱追问："我还真带了 1 元钱，0.5 元是什么意思？"在吴老师的启发下，一位男孩自信地说："0.5 元就是 5 毛钱。"（此时，学生把 0.5 元孤立地看成了 5 角，没有从元与角的关系上认识 0.5 元。）吴老师继续追问："它跟 1 元有什么关系吗？"男孩站起来紧张地说："5 毛和 1 元是两倍的关系。"虽然不是很严谨，吴老师笑着说："我听懂了，是倍数关系。"吴老师举起手中的 1 元提示学生："1 元里面有几角？ 5 角钱是 1 元钱的什么？"学生们异口同声地说："5 角是 1 元的 $\frac{5}{10}$。""怎么记录呢？吴老师这样记录你们看可不可以？"吴老师边说边在黑板上写下 $\frac{5}{10}$。

　　吴老师借此情景追问："这个 1 角呢？怎么表示？"一位男孩举手回答："1 角就是 $\frac{1}{10}$ 元。"吴老师继续帮学生回忆："1 角就是把 1 元平均分成 10 份，1 角就是 0.1 元。"吴老师边和孩子们交流边在黑板上记录，并引发学生思考："你们还能说出哪些小数？"一位男孩举起手回答："0.4 元。"在学生借助"元、角"理解小数的基础上，吴老师继续追问："0.4 除了表示 0.4 元，还能表示什么？""还能表示 0.4 米，把 1 米平均分成 10 份，表示其中的 4 份，就是 $\frac{4}{10}$ 米。"学生自信地回答。吴老师请学生把自己的想法画出来。学生在黑板上用线段表示。

　　[赏析：三年级学生已经初步认识了小数，首先吴老师从生活经验入手，利用"元、角"的模型，唤起了学生对小数的初步感觉；接着吴老师又逐步启发学生找到小数和分数的关系，让学生初步感知十进分数与一位小数的关系，为后面继续理解小数奠定基础。]

二、利用直观模型认识小数

1. 通过直观模型认识一位小数

学生顺利地在人民币和米制系统中找到了小数。吴老师转身拿出正方形图贴在黑板上，顺势问道："图中阴影部分能用小数表示吗？还能用分数表示吗？"很快学生便找到了 0.6、$\frac{6}{10}$，并写在了黑板上。还有的同学在数线模型上找到了 0.4、0.6、0.8、0.1……随着同学的讨论，黑板上逐步出现：

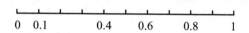

吴老师微笑着追问："像 0.1、0.4、0.6、0.8……叫作一位小数，这些小数能'平起平坐'吗？你认为哪个数最重要？"学生异口同声地回答："0.1。"吴老师继续引发学生思考："为什么？"一位男孩说出了自己的思考："0.6、0.4 等都是由 0.1 一个一个组成的。"一位女孩表达自己的想法："一位小数都是由 0.1 诞生的。""0.6 就是 6 个 0.1，0.4 就是 4 个 0.1……"学生们纷纷表达自己的想法。

吴老师感叹道："0.1 就是这些小数的计数单位，它真的很重要。"

吴老师转身在图形中贴上粉色的长方形纸条，并说道："它代表 0.1，一起数计数单位：1 个 0.1，2 个 0.1，3 个 0.1，4 个 0.1……"

〔赏析：吴老师利用"面积模型"与"数线模型"，恰到好处地帮助学生

形成表象，让学生理解了 0.6 等就是由"0.1"这个计数单位不断累加而成的。计数单位的概念就在这样数数中加以渗透与强调，同时又在建立 0.6 等与 0.1 关系的过程中，再次渗透了计数单位的重要性。]

2. 在认知冲突中，"诞生"出两位小数

吴老师把学生们的注意力再次集中到图形上，在图形中涂上了一小部分的红色。吴老师静静地涂色，学生们认真地看着这个图形中涂色部分的变化。此时是安静的，吴老师轻声问道："现在还能用 0.6 表示阴影部分吗？"这个问题激发起学生的新思考。

同学们纷纷摇头说："不能了。""那此时的你想说什么？"同学们陷入了静静的思考状态。

"0.61。"一位女孩的答案打破了沉寂。"啊？为什么是 0.61 呢？"一位男孩有些疑惑地问道。吴老师启发道："不是整好的 0.6 了，它会怎么样？""会变成 0.7。"一名学生回答。众生纷纷答："对，对。"面对学生的想法，吴老师让大家在图中找一找 0.7。"0.7 得把这一条涂满。"学生指着正方形图说。吴老师给出手势，继续让学生表达自己的想法："我觉得 0.61 是对的。因为还没有涂满，得涂满这一条才是 0.7 呀。"此时有学生喊出了："0.01……"吴老师及时记录下学生的想法。

又有一名学生有自己的思考："这个数会不会在 0.6 到 0.7 正中间？不，在 0.6 到 0.7 之间吧。"吴老师紧紧抓住学生表达的变化继续追问："由'正中间'改为'之间'，什么意思呢？""如果是中间的话好像是 0.65。"吴老师继续追问："你认为这个小数应离谁近一点儿？"稍作思考后，学生答道："应该离 0.6 近一点，离 0.7 远一点。"吴老师并没有就此放手，顺势说："谁能表示一下这个数可能在 0.6 和 0.7 之间什么位置上？"学生边指着边说："这个数应该是在 0.6 与 0.7 之间，更往左边一点。"该生把小磁扣贴在了相应的位置上，如下图。

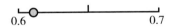

这样交流引发了其他同学的思考："我觉得，应该把 0.6 到 0.7 之间平均分成 10 份，每一份就是 0.01。"吴老师肯定地说："你做的事情真有意义。"然后顺着学生的想法，把 0.6 到 0.7 之间平均分成了 10 份。

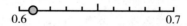

[赏析："正中间""之间"虽然都在这个数的范围中，但相比较而言，"之间"的位置更加准确。吴老师抓住了这个小细节，培养学生的数感。正是这个小小的突破，让学生有了更深入的思考。]

3. 在"继续分"中直观认识 0.01

此时孩子们都知道 0.1 表示 $\frac{1}{10}$，吴老师故作疑惑地问："你们刚才说到的 0.01 是什么意思啊？"众生异口同声地答："百分之一。"听了学生们的回答，吴老师举起手，望着方格图，作出寻找状，边找边念叨着："可是在图里面我怎么也找不到百分之一，也就是 0.01 呀？"见状，讲台底下的孩子们坐不住了，不由自主地来到黑板前为吴老师"解惑答疑"。孩子们异常兴奋地边指边说："您看您看，要把其中的一个 0.1（一长条）分成 10 等份就有 0.01 啦。"

吴老师及时追问全体学生："你们知道要把这个图形分成多少份吗？"学生齐声回答："平均分成 100 份。"台上的同学听后满意地点点头，回身继续说："将整个图形分成 100 份，一小格儿占整个图形的 $\frac{1}{100}$，也就是 0.01。"吴老师听后连连点头，一副恍然大悟的样子，随后继续发问："现在的阴影部分，有多少个 0.01？"经过台上同学的圈画，大家一下子就直观地看出有 61 个 0.01，也就是 $\frac{61}{100}$。

[赏析：精心的留白设计，给孩子们的思维带来了挑战，也给孩子们带来了创造的机会。单位的不断精细化，是孩子们创造的过程，他们想要表达而产生"继续分"的需要，真的是因需要而产生了新的计数单位——0.01。]

4. 在区分不同的"6"中理解位值

在大家认为认识完 0.01 就该认识 0.001 时，吴老师却拿起笔，在 0.61 下面又涂了一小格，转身看向大家，孩子们大声呼出："0.62。"听后，吴老师继续涂一小格，孩子们整整齐齐地回答："0.63。"就这样，师生一起涂涂说说，0.64、0.65、0.66 应运而生。这时吴老师停了下来，继续追问："0.66 表示什么呢？"有了前面扎实的认识，孩子们不假思索地回答："0.66 就是 $\frac{66}{100}$。"吴老师紧紧抓住这两个"6"做起文章，边指着黑板上的 0.66 边笑着说："6 呀6 呀，就像一对双胞胎，往这儿一站，一样吗？"学生纷纷发表自己的想法："一样，又不一样。"这时一个小男孩站起来说："一个代表 6 个十，一个代表6 个一。"吴老师不慌不忙地把该生带到了黑板前，说道："第一个'6'，在图形中表示的是哪部分？"该生边指边说："第一个'6'，表示是 6 条。"吴老师笑眯眯地继续问道："第二个'6'呢？""第二个'6'表示 6 个小方块儿。"

我们都知道孩子说的"条""小方块儿"是什么意思，但是吴老师几次提到"不急不急"再次进行引导，可以看出这个地方很关键。"一般人可以这么说，我们数学人能用数学语言表达吗？"随即学生进行完善的表达："6条就是 6 个 0.1，6 个小方块儿就是 6 个 0.01。"话音刚落，吴老师重重地点点头，边肯定边加强语气地强调："是啊，别看它们长得一样，由于它们所在的位置不一样，表示的大小可就不一样了。像这样的两位小数谁能再说一个？"学生们一一说出自己心中的两位小数："0.55、0.44、0.99……"这时吴老师捕捉到 0.99 这个小数，鼓励孩子们想象 0.99 的方格图是什么样子的。孩子们经过短暂的停顿后大声地说道："就差一个小格就满了。""一个小格是 0.01。""0.99 和 0.01 合在一起就是 1。"一石激起千层浪，一个 0.99 引发了孩子们的无限思考。

[赏析：学生对小数的理解分为三个层次：对直观模型的理解，借助模型的数学表达，把口头语言转化成数学语言。历经三个层次学生完成了对小数理解从直观到抽象的过程，而这个过程不是强加给学生的，是顺水推舟式

的自然生成与需要。吴老师能够准确地抓住学生的认知起点，顺着学生思维的生成去引导，这都源于她对知识的整体把握和对儿童的透彻理解。]

5. 在推理、联想中产生 0.001

在学生对 0.01 认识透彻后，吴老师放慢语速，放低声量："我们刚才把图形平均分成 10 份，分成 100 份，你们还有想法吗？"孩子们含含糊糊地说道："分成 1000 份。"

在分成 100 份的基础，吴老师让学生充分想象，帮助学生认识 0.001。想象着分成 1000 份的图，孩子们说出了 0.008、0.618、0.999……这些小数此起彼伏地出现在课堂上，黑板上。"如果是 0.999……"吴老师轻轻地走到还没有机会表达的学生身边："你能说说吗？"有了前面的基础，孩子边说边比画，大胆地表达着："就差那么一点点儿就把整个图形涂满了颜色。"吴老师听后给了孩子肯定的眼神，但并没有就此打住，继续引导："用数学语言表达，就差……""就差 0.001。"孩子自信地回答着，脸上洋溢着被肯定的笑容。

[赏析：吴老师启发学生主动提出问题，让问题引领学生的数学思考，带领学生从直观模型图中认识一位小数、两位小数，并在推理、联想中认识了三位小数。学生在不断"细分单位"的过程中进一步认识小数。]

三、沟通整数和小数之间的内在联系

1. 进一步理解"计数单位"

望着一黑板的板书，吴老师指着 0.6、0.4 说道："回头看这些都是一位小数。0.6 里面有几个 0.1？""0.6 里面有 6 个 0.1。"随着学生回答，吴老师顺势用箭头进行了标记。

$$\frac{1}{10} = \boxed{0.1}$$

$$\frac{6}{10} = 0.6$$

"0.4 里面有 4 个 0.1。""我发现它们都和 0.1 有关系。""这些小数都是由 0.1 组成的。"孩子们积极表达着自己的发现。一个小女孩用"以此类推"将吴老师的问题进行延续。"0.61 里面有 61 个 0.01。""0.66 里面有 66 个 0.01。""0.008 里面有 8 个 0.001。""0.999 里面有 999 个 0.001。"……

$$\frac{1}{10} = \boxed{0.1} \qquad \frac{1}{100} = \boxed{0.01} \qquad \frac{1}{1000} = \boxed{0.001}$$

$$\frac{6}{10} = \boxed{0.6} \qquad \frac{61}{100} = \boxed{0.61} \qquad \frac{8}{1000} = \boxed{0.008}$$

$$\frac{4}{10} = \boxed{0.4} \qquad \frac{66}{100} = \boxed{0.66} \qquad \frac{999}{1000} = \boxed{0.999}$$

吴老师在学生充分表达后，及时进行总结："虽然它们都是小数，但其中的 0.1、0.01、0.001……是这群小数中的'重要人物'，它们对于认识小数格外重要。"

[赏析："重要人物"这一形象的语言，在孩子们心中留下深深的印象：原来所有的小数都与"重要人物"息息相关。吴老师紧紧抓住核心概念不放松，始终围绕着小数的计数单位展开对话。学生在不断的数数中，加深了对计数单位的认识，凸显了核心概念的核心地位。]

2. 理解相邻计数单位之间的进率

班上个别孩子对小数的感觉很到位，但是毕竟这是一部分孩子。这时吴老师仍然不紧不慢，耐心陪伴全体学生进行学习，出示正方体模型，用 1 来表示。

吴老师边说边演示平均分的过程，平均分成 10 份，每一份是 0.1。

继续分，平均分成 100 份，每一份是 0.01。

再继续分，平均分 1000 份，每一份是 0.001。

孩子们随着吴老师的课件演示大声地叙述着演示过程。吴老师问："还能分吗？"孩子们脑子中已经有了继续分下去的画面。同时，孩子们也发现了 10 个 0.001 就是 0.01，10 个 0.01 就是 0.1，10 个 0.1 就是 1。这时，吴老师话锋一转："此时此刻的你，又想说点儿什么？"相邻两个计数单位之间的进率是 10 就在学生观察、想象中产生了。

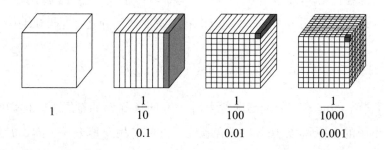

| 1 | $\frac{1}{10}$ | $\frac{1}{100}$ | $\frac{1}{1000}$ |
| | 0.1 | 0.01 | 0.001 |

[赏析：在分正方体模型中，儿童直观感受到计数单位不断产生的过程以及相邻的两个计数单位之间的十进关系，进一步理解数是由计数单位的个

数累加而成的。]

随后吴老师指着屏幕说道："一个大正方体是1，一个长条是1，一个小方格是1，没错，它们都是自己的那个1。""小1、中1、大1……"学生们用自己的话进行着表达和理解。在场的老师们都笑了，吴老师抓住孩子们的语言，继续说道："它们独立存在的时候，可以说小1、中1、大1。当它们一旦在集体中的时候，就与集体有了关系。这个小1在中1的集体中，它是10份中的1份，可以记作0.1；同样这个小1在大1的集体中，它是100份中的1份，可以记作0.01。以此类推。"

[赏析：吴老师用正方体的直观模型，再一次让儿童感受到计数单位有大有小，但这些计数单位之间是有联系的。在模型中不同大小的"1"，又帮助儿童理解了位值以及计数单位之间的进率。]

3.沟通小数与整数之间的内在联系

当孩子们在思考这些"1"独立和集体的关系时，吴老师走向黑板，板书"1"，同时带领着学生将1不断地扩大10倍、100倍、1000倍……并问道："还能再长吗"？随着孩子们的回答，吴老师用肢体和板书表示1的变化过程。

…… 10000 1000 100 10 **1**

吴老师在此处巧妙地提出疑问："1只能长吗？""还可以缩小，缩小到十分之一是0.1，缩小到百分之一是0.01，缩小到千分之一是0.001……"

…… 10000 1000 100 10 **1** 0.1 0.01 0.001 0.0001……

听了学生的回答，吴老师恍然大悟："我听懂你们的意思了。你们的意思是这个小小的1既可以10倍10倍地长，也可以相对地缩。""对，1可以要缩就缩，要长就长。""可以无限地长，想长多大长多大，是无穷的。也可以无限地缩，想缩多小就缩多小，是没有尽头的。"一块小小的板书、一个小小的动作，带给学生大不同的感受。此处吴老师又引入了《三字经》："一而十，十而百。百而千，千而万……"学生更加理解了其中的含义，感悟无限思想。

[赏析：借助直观模型，帮助儿童多维度地认识小数、理解小数，特别是对"计数单位"这个核心概念有更加深刻的理解。吴老师形象地通过伸展的动作，让学生在想象中理解数的无限大与无限小。这个环节由"1"开始，在不断扩大与缩小中，让学生理解计数单位个数的累加和继续均分的过程，从而体会小数和整数的统一性：利用十进制计数法计数，体现了十进位值。]

四、感受小数的价值——精准表达

课上到此，孩子们对小数已经有了深刻的认识，但吴老师继续问孩子们："你们还有什么问题吗？"一个小女孩一脸疑惑地站起来问："老师，我们学习小数到底有什么用呢？"

听后吴老师若有所思，顺势叫来两位学生："你们多高？""我的身高是1米4多。""我的身高也是1米4多。"吴老师犯难地说："到底是1米4几呢？怎么能知道？"孩子们经历了分方格图的过程，略加思索后说："把1米长的线段平均分成10份，一份是0.1米，再把0.1米平均分成10份，1份就是0.01米，这样就能知道1米4几了。"这时小女孩恍然大悟般站了起来说："看来小数能让身高的测量变得更精准。"听闻，吴老师立刻在黑板上贴上"细化单位"。紧接着吴老师出示了这样的例子：2004年9月23日在国际田联横滨全明星赛上，刘翔以0.1秒的优势战胜了老对手约翰逊（刘翔13秒31，约翰逊13秒41）。

孩子们不等吴老师问，就自觉地提出自己的疑问："刘翔的成绩和约翰逊的成绩都是13秒多，分不出胜负，到底是13秒多多少呢？"

"是呀，我们也有这样的疑问，接着看，看完后你有什么感受？"吴老师顺着孩子们的疑问加以引导。

"都是13秒多，比不出冠、亚军，需要把1秒钟继续分，继续分，越分越小就会越精准，比赛时就会越公平。"学生们这时候就都明白了，小数到底有什么用也就不言而喻了。吴老师满意地点点头说："有时候，需要更精准一些，就是把原来的计数单位细化，细化是为了更加精准地表达。有时候只说一个大概是不成的。聪明的人们就把计数单位继续分、分、分。"

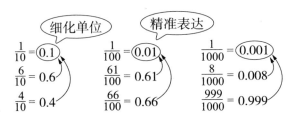

$$\frac{1}{10} = \boxed{0.1} \quad \frac{1}{100} = \boxed{0.01} \quad \frac{1}{1000} = \boxed{0.001}$$

$$\frac{6}{10} = 0.6 \quad \frac{61}{100} = 0.61 \quad \frac{8}{1000} = 0.008$$

$$\frac{4}{10} = 0.4 \quad \frac{66}{100} = 0.66 \quad \frac{999}{1000} = 0.999$$

[赏析：从两个维度让学生感受小数的产生，一个是从生活的角度——日常生活、工作记录的需要，另一个是数学的角度——计数单位细化的过程。儿童在计数单位不断细分的过程中，进一步体会到小数的价值——能够精确地表达。对小数的探索并没有结束，而是在学习的基础上又产生了新的问题。正所谓：一切过往，皆为序章。一节课的结束，正是下一节课探索的开始。]

理解小数的真意义，让儿童思维更深刻

听完吴正宪老师教学的《小数的意义》一课后，至今回味起来还意犹未尽，课堂中师生发自内心的笑声，儿童思考问题时的安静，解决问题后孩子们涨红的小脸……这才是数学学习的魅力，才是儿童喜欢的数学课堂。如何从形式化的概念定义走向研究本质的内涵，是这节课带给我们的最具冲击力的启示。

一、从数学和生活两个维度，感受学习小数的价值

"小数的意义"的学习在数概念建立中至关重要。从自然数到分数再到小数，数系的每一次扩充都是学生认识的一次飞跃。我们以前学习了1、2、3、4、5、6等自然数，为什么还要学习分数或小数呢？那是因为在测量或平均分的时候往往得不到整数的结果，这样就产生了分数或小数。

在生活中，小数有着广泛的应用，为了精确表示生活中具体的数量，需

要在 1 和 2 之间继续均分，这样就得到了一位小数，这是学生学习的基础。那么两位小数是怎样产生的呢？也就是在 0.1 和 0.2 之间再细分下去，就产生了两位小数。课堂上吴老师让学生观察方格纸，把一张正方形纸平均分成 10 份，取了 6 份多一点点，该用什么数表示呢？新知识的学习来源于需求，知识的生命价值呼之欲出，也是从问题出发，问题引领儿童的数学学习，问题激发儿童的数学思考。他们开始自觉地在"0.6 与 0.7"之间探寻新小数出现的可能，可能是 0.61，也可能是 0.62，在小磁扣不断移动和选择中，培养了学生的数感。怎样才能确切地知道是多少呢？只要将单位 10 份 10 份地不断细分，就会不断产生新小数，乃至无穷无尽。学生对数学知识的认识过程，也就是数学发展的过程。

课尾从生活的角度，以儿童的身高、刘翔 110 米跨栏比赛成绩为例，使学生从中感受小数能让生活中的事情从模糊走向精确。吴老师选择的情境，让儿童充分感受学习小数的价值——为了精确地表达。这价值也深深地刻在了儿童的心里。

二、理解小数的真意义是细分单位

在小学阶段，学生要结合生活情境，认识自然数、小数、分数、负数等数概念。认数的维度有两个层面，一个是数的组成，另一个是结合生活情境认识数，感受数的概念。数是由计数单位和个数累加而形成的，如 1234 是由 1 个千、2 个百、3 个十和 4 个一组成的，也可以记作 $1234=1\times1000+2\times100+3\times10+4\times1$。认数时计数单位非常重要，个数也不容忽视。自然数、小数、分数这三者之间也有着密切的联系：小数和自然数一样，有着相同的认数结构，即十进制计数法，都体现了十进位值；而小数是十进分数，分数是把"单位 1"平均分成 5 份、9 份、100 份、301 份……表示这样一份或几份的数，而小数是"1"平均分成 10 份、100 份、1000 份……表示这样一份或多份的数，也就是我们说的一位小数、两位小数、三位小数等。总之，把"1"不断地复制、累加就是自然数；把"1"不断地均分，就是分数，其中均分成 10 份、100 份、1000 份等就是小数。数线是表示数的通用模型，自然数在数线上的点是间断的、不连续的，学习了小数和分数以后，数线上的点就变成是稠密的、连续的。所以我们说：数轴是实数点的集合。从数的扩充角度看，小数传承了自然数十进制的优势，同时也具有分数等分的思想，因此它可以看作一类特殊的分数，也可以看作自然数的继续细分与扩展。

我们认为儿童学习数概念离不开计数单位、数位、进率和位值等核心概念的支撑。的确如此，数概念的学习，离不开计数单位，也就是在吴老师课堂上出现的"大1""中1""小1"。课堂上儿童所说的"小1啊小1，你可以在这边长长长，长长长；小1啊小1，我们还可以把你分分分，分分分……"是儿童用自己喜欢的方式诠释对自然数、分数和小数之间内在联系的理解，尤其是计数单位"1"，通过个数的不断累加就是自然数，把"1"继续均分、细分单位的结果就是小数。

小数的产生源于单位的细分，在小数的意义学习时有所涉及，后续的小数除法中还会应用，让学生体会小数意义的本质。如"97÷4商24余1"，余下的1÷4，不够分，要把1细分成10个0.1再去分；10÷4商2余2，余的2是2个0.1，又不够分了，又要把0.2细分成20个0.01再去分；20÷4商5，5是5个0.01。看来数概念和数计算一脉相承，就是不断地细化单位的过程。揭示"数"的本质，让学生对"数"的理解更有深度，"数"的这棵大树才能根深叶茂，纵横连通。

三、促进学生对小数意义的理解的策略

如何巧妙地引导学生理解小数的意义，对于教师来说是一个富有挑战的问题。吴正宪老师在本节课的教学中，抓住概念的本质引导学生进行活动和思维体验，不仅借助学生经验和直观模型理解小数的意义，而且通过数学活动帮助学生学会数学思维，从而学会数学地思考。

1. 从生活经验入手，激活已有认知

课堂伊始，吴老师就从调动儿童已有的学习经验入手，给了他们自由的学习空间："小数在你们心中长什么样？"儿童各抒己见，有的说"小数得有0，还得有个点儿"；有的说"小数是不整齐的数，比如0.3就是不整齐的小数"；还有的说"0.5元是5角"……学生对小数的认识停留在表面，他们并没有感受到十分之几就是一位小数，对小数本质认识不足。

面对学生的现状，如何激活学生的经验？吴老师用生活中的例子，如用

"人民币"和"米尺"来帮助学生认识一位小数。一位小数是把"1"平均分成10份，取其中的一份就是0.1，2份就是0.2，3份就是0.3……一位小数是在以"1"为标准，细化单位后得到的。这既把握了儿童的认知起点，又为新知的学习蓄力。

2.利用模型，紧紧围绕核心概念，理解数的概念

小数的本质意义就是贯穿课堂始终的大1、中1、小1……这是让学生体会小数就是以"1"为标准，继续细分单位的结果。在本节课的学习中，吴老师引导学生们经历了不同层次的思维水平来体会小数的意义，并在沟通小数、分数、整数的关系中培养思维的逻辑性。第一种思维水平是小数与生活的联系。联系生活中的人民币、长度单位等理解小数的思维水平，即借助生活原型理解十进关系，这一水平依托学生已有的生活经验和学习经验。第二层次是借助图形等直观模型理解小数的思维水平。通过对各种图形的操作、观察，6个条表示6个0.1，6个小格表示6个0.01，帮助学生理解小数的意义；认识三位小数时吴老师先引导学生联想和想象，再观察直观的模型，从而让抽象的数具体可感；在接着想下去的过程中，学生对小数意义的认识更加深刻。第三层次是在前两个层次的基础上，紧紧抓住分数和小数之间的内在联系，使新知识不新，旧知识不旧。这种思维水平建立在前两种思维水平的基础之上，并通过抽象、概括等一系列思维活动来达成，一位小数的"重要人物"就是0.1，十分之几就是一位小数；两位小数的"重要人物"就是0.01，百分之几就是两位小数……用形象化的语言"重要人物"帮助学生理解计数单位的重要性，从而建立了分数与小数一一对应的关系，沟通了分数与小数的联系。

数的概念的学习离不开数数，表面上看是数的组成，是"小和尚念经"，实际上是在感悟抽象的数是计数单位累加的结果，数数就是体会数的本质的过程和体会计数单位重要性的过程。

贯穿课堂始终的大1、中1、小1，让学生感受到这些都是计数单位，相邻的两个计数单位之间的进率是10，即10个0.01是0.1，10个0.1是1，10个1是10……"十进位值"这个核心概念深深地印在学生的心里，使之建构属于自己的知识体系和网络。经历了这样的学习过程，学生脑中小数与整数的知识链浑然一体，前后沟通，形成有联系的知识群。这样的学习不仅让学生在学习中有实在的获得感，而且给不同思维层次的学生以选择，从而激发了学生深层次学习的兴趣。多元表征的呈现让儿童对小数的意义有了更全面的理解，从而实现知识的迁移。

3.对接儿童语言，逐步理解数概念

在吴老师的课堂上，我们深深地感到老师给学生体验和表达的时空，引领儿童在做中体验，表达后逐步内化。清晰地记得，一句句稚嫩的话语仍回想在耳畔：一位小数的"重要人物"就是0.1、"条"就是一位小数、"格"就是两位小数、"没有尽头的线"……

课后访谈中，儿童的感悟让我们激动不已，与开始上课时形成巨大的反差。"小数就是一个数和另一个之间'诞生'出来的。""我知道了小数和以前学的数一样，也是十进制的。""小数想变就变，它可以长长长……也可以缩缩缩……小数可以很小很小，小数也可以很大很大。"儿童的这些感悟纠正了原有的认知偏差，经验对接、模型支撑、问题引领让学习真正发生。

当我们感叹灵动的思维在吴老师的课堂上自然流淌的时候，我们不得不赞叹吴老师一个又一个认知冲突的创设，让学生在质疑中思考，在矛盾中辩论，在沟通中理解。让我们难忘和感动的是课堂中师生温暖的交流和真情的互动，智慧的启迪一定蕴含在安全和谐的氛围中。而数学的思维又浸润着学生们对数学的热爱，这种热爱是持久而深刻的。

（张秋爽　武维民）

课堂花絮

从小数"很小"到小数"无限大"

在一次工作站研修活动中，我聆听了吴正宪老师执教的《小数的意义》，并对学生作了一次课后现场访谈。

下课了，看着脸上依旧洋溢着兴奋之情的孩子们，我只问了一个问题：

"同学们，一节课很快过去了，现在的小数在你们心中的样子，与上课前的认识有变化吗？"我没想到的是仅仅经历了40分钟，孩子们对小数的认识就有了如此巨大的变化。

一个同学说："小数就是一个数和另一个之间'诞生'出来的"。听到"诞生"这个词，听课的老师都笑了，这是课上孩子们自己总结的一个词。他们认为小数可以一直不停地分分分，只要不断地分下去就可以长出许多新的小数。

另一个同学说："我认为小数想变就变，它可以长长长……也可以缩缩缩……小数可以很小很小，小数也可以很大很大。"

是啊，孩子们肯定还记得课堂上吴老师把"1"放在数线上，让"1"10倍10倍地增长，又让"1"相应地缩小的情景，在孩子们的心中，小数可以在一条直线上自由地生长。

一个小姑娘若有所悟，她说："老师，我觉得小数不仅可以在数中有，在生活中也有，比如0.5元，就是把一元平均分成十份，其中的五份就是十分之五，就是0.5元。"我记得这个小姑娘，她就是一开始上课的时候说"0.5元是5角"的那位同学，显然她对小数的认识开始从形式走向本质。

就在我的访谈快要结束的时候，又跑上来一个孩子在黑板上写了一个"0.∞"，她指着"0.∞"对大家说："这是我心中的小数，小数有许多许多个。"很多孩子愣了，包括在场的老师，大多数没有读懂孩子的意思。吴老师当时就问了一句："你知道让'8'平躺下是什么意思吗？"这个孩子的表情特别自豪："这是无限大！"课堂里顿时响起了一片掌声。由于这个孩子的发言又引起了其他孩子的触动，课堂上又演绎出了一个意外的高潮。

"我知道了小数和以前学的数一样也是十进制的。"

"数字都一样，但是表示的大小可不一样。"

"哎，原来小数有许多解不开的谜呀。"

"不对不对，今天我们已经解开了。"

"不过后面可能还会遇到新的谜呢。"

……

此时我们不仅被吴老师的教育智慧折服，也为孩子们深刻的领悟感到惊喜。孩子们不知不觉向小数的深处走去，"位值""计数单位""十进制""细化单位"这些有关数的核心概念自然浸润他们，这就是读懂数本质的金钥匙。在孩子们眼里，小数已是一个随便在两个数之间就可以"诞生"的神奇符号，它们是规则的，又是灵动的、有生命的，是可以无限生长的。

英国剧作家萧伯纳曾经说过：你有一个苹果，我有一个苹果，我们交换一下，一人还是一个苹果；你有一个思想，我有一个思想，我们交换一下，一人就有两个思想。而吴老师就用一个"小数在你们心中长什么样"这样一个核心问题，引领孩子们在情境中衍生出一个又一个新的问题，每个孩子都经历了学习的过程，小数的本质跃然纸上，数的本质呈现在眼前，数形结合的思想扎根在孩子们的头脑中……一切都是那么的顺其自然，都是那么的水到渠成。

（北京市昌平区昌盛园小学　崔　静）

11 有意思又有意义的平均数

——《平均数》课例 [①]

一、感知"平均数"，激活儿童已有经验

上课伊始，吴老师开门见山地问道："你们听说过平均数吗？"一个小男孩站起来说："我们班数学考试后，老师会算一个平均分，这个就是'平均数'吧？"吴老师评价道："真好，你们都想起来了。对的，考试的平均数就是你们班的平均分。"大家不约而同地点点头，似乎都在回忆。"看来考试算平均分这事儿你们印象挺深刻啊！最近一次考试中，你们都得了多少分？"吴老师顺势问道。学生们纷纷说出自己的成绩。吴老师走向黑板，边画边说："咱们简单记录一下，用 A、B、C、D、E……来代替同学们的名字。从这开始是 60 分、70 分、80 分……（见下图）。A 得 100 分，B 得 62 分，C 得 73 分，D 得 92 分，E 得 80 分……这么多同学的分数呢。"

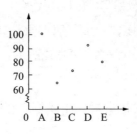

---

① 课例整理：张秋爽　鲁静华　陈丽华

"平均分是怎么得来的，你们知道吗？"吴老师不紧不慢地问。"把我们班所有同学的分数加起来再除以全班的人数就是平均分。""我们班有47人，那次考试平均分是92分。""就是把你的、我的、他的分数合起来，再除以总人数。"同学们你一言我一语地表述着自己对平均分的理解。

吴老师板书：

（100+62+73+92+80+……）÷47=92

"你们是怎么理解这个92分的呢？"吴老师追问道。梳着马尾的小女孩站起来补充说："比平均分92少的人就被高分的人给拉上去了，要是超过92分，就会被低分的人给拉下来。"吴老师称赞道："'拉'这个词用得真好！"她一边打手势，一边询问："就是低分会被高分拉上去，高分又被低分往下拉，是吗？"同学们坚定地点点头，十分赞同。

吴老师故作好奇地问："你们班平均分是92分，你们每个人的成绩都是92分吗？""不一定，我就得了96分。""我得了93分。"学生们抢着回答。"那会有人比92分低吗？"吴老师自言自语地说。学生马上七嘴八舌地回答："可能有的同学会得82分、71分……""看来有的同学会比92分高，有的会比92分低。高高低低的，结果这么一除就……"还没等吴老师说完，下面的同学就抢着说道："就平等了。""对，平等的这个92分就反映着你们班全体同学这次考试的整体水平。有很多同学的分数会拥挤在92分周围，有的离平均分数近一些，有的离它远一些。有了平均分，我们就可以比较出不同人数的两个班级考试成绩的高低。因为它代表了班级的整体水平，我们也可以说这个平均数具有代表性。"（板书：代表性）

［赏析：借助真实的情境，对接儿童自身已有的经验，初步感知平均数的意义，感受平均数具有"代表性"的特征。］

二、走进"平均数"，丰富儿童对"平均数"的理解

随后，吴老师请四位同学用磁扣摆出了3、6、7、4这四个数，引导同学们观察并估计这四个数的平均数可能是几。同学们你一言我一语："5、6、

8、……"声音此起彼伏。

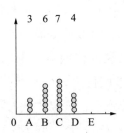

吴老师并不急于给出答案，而是让学生自己独立思考，并写出计算过程。她根据学生计算的结果，在图上五颗磁珠的地方画了一条水平直线，转身对估8的那位同学说："快问问大家为什么不估8呢。"

小女孩不好意思地看向大家："你们怎么不估8呢？"一个小男孩理直气壮地说："你想想最大的数才是7，平均数绝不可能比7还大啊。"小女孩若有所悟地点点头："明白了，应该在里面估。"吴老师不禁感叹道："原来平均数在最大数和最小数之间，比最小的数大，比最大的数小，平均数的'家'是有范围的。"

随着讨论的深入，吴老师将表现的机会留给那些沉默的学生，请他们到黑板前将磁扣自然移动，体会在"移多补少"的过程中得到平均数。

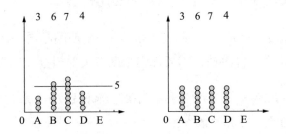

同学们步步紧随，而吴老师的问题也接踵而来："假如E是20，平均数会有什么变化？""会拉高。""假如E是1，平均数又会有什么变化？"吴老师继续追问。"会拉低。"随着学生的回答，吴老师比画着："看来每增加一个新数，都会对'平均数'产生影响。此时的你们，对'平均数'又有什么新感觉？"学生思索着："'平均数'会变。""'平均数'容易上下波动。"

捕捉到学生的思考，吴老师又适时地讲起，前两天她在《社会与法》栏目给警官们做评委的事，并提出了自己的疑问："每一次评委们亮分的时候，主持人总会说：'去掉一个最高分，去掉一个最低分。'这是为什么？"学生争先恐后地举起了他们的手："因为一个最高分或者最低分都会影响'平均分'。"吴老师微笑着说："是啊，你们对'平均分'的感觉越来越丰富了。你看，来了一个大数，平均数就得跟着往上跑；来了一个小小的数，平均数就得跟着往下跑。所以为了公平，需要先去掉一个最高分，再去掉一个最低分。看来平均数虽然具有'代表性'，可是它也很脆弱啊，容易受其他数的影响而发生变化。"

[赏析：估一估的活动，用数形结合的形式展示出估的结果，让儿童更直观地认识到平均数介于一组数据的最大值与最小值之间；评委的生动例子帮助儿童认识平均数的敏感性——易受极端数字的影响而变化。两个巧妙的活动，没有复杂的设计，都在层层对话中展开，随着对话的深入儿童更加深刻地感悟平均数的特点，对平均数的认识也更加全面、立体、丰富。]

三、解决真问题，感悟平均数的统计意义

1. 在真实情境中，感悟平均数的应用价值

课堂似乎恢复了平静，此时，吴老师的一个新问题再一次引发了学生深入地思考："有这样一件事情，需要你们帮助有关部门领导作决策。"

某市原执行的六岁以下儿童乘车免票的标准是"1.1米"，需要修改。假如你是该部门领导，你打算怎么做？

学生们纷纷举手想表达自己的想法。吴老师挥挥手："不急，先独立思考，想好了就和同桌商量商量。"吴老师走进同学们中间，聆听他们的讨论并参与其中。

[赏析：平均数统计意义的理解要基于真实的、现实的情境。选取"修改儿童乘车免票标准"这一问题情境，具有一定的挑战性、开放性，激发儿童自主探究的愿望。]

2. 在对话质疑中，培养"数据分析观念"

热烈地讨论结束后，吴老师组织大家进行了分享。"我觉得应该看年龄决定是不是免票。"吴老师有所质疑地问："那我们上车都拿着户口本吗？"其他学生也迫不及待地喊道："不行。"一个小男孩着急地说道："我们小组定的新标准是身高 1.3 米以下的都可以免票。"

吴老师向大家望去，缓缓地说："你们都同意这样作决定？有问题吗？""你们小组凭什么定免票标准是 1.3 米啊？"后排的学生质疑道。吴老师称赞道："这话问得真好。"接着，她来到那个小男孩面前，问："你想说什么？"男孩补充道："我们感觉差不多 6 岁的孩子能长到 1.3 米就算够高的了，所以就定 1.3 米了。"

吴老师若有所思地说："领导啊，你们一拍脑袋就定 1.3 米啦？仅凭感觉这样也太随意了吧？其他同学有问题吗？"一个小女孩站了起来，继续补充："你们小组又没调查，怎么定的 1.3 米？"吴老师追问："什么？'调查'是什么意思？能说说你们的意见吗？""先得调查调查 6 岁儿童到底长多高啊！""我听出来了，一种意见是凭感觉就定 1.3 米以下免票，另外一种是先调查。要想知道 6 岁儿童的身高是多少，怎样调查呢？"吴老师不紧不慢地引导着同学们。终于，一个小男孩站起来说："把某市所有 6 岁儿童的身高都测量出来，再求出平均身高，就可以定新标准了。"听了这位同学的回答，吴老师若有所思地重复着学生的话："你的意思是把所有儿童的身高量一量，再求平均数来解决这个问题？"这样的重复却把同学们引入了静静的思考之中。

沉默了一段时间后，有一个孩子迫不及待地说："所有的儿童都量，也太麻烦了。"面对这个学生的质疑，吴老师继续把问题抛给学生们："你们有什么好的建议吗？""可以在网上搜集。"吴老师及时肯定了孩子的想法："你的信息素养还挺高，上网搜集是个办法。还有什么别的建议吗？"一个转折，适时提醒了学生们思考的方向。终于，在吴老师不断启发下，一个小男孩站起来说："可以先找来一些小朋友，量一量他们的身高，再根据这些数算出平均身高。""测量就可以知道身高数据了，为什么还要算出平均数呢？"吴老师反问道。学生们急切地表达自己的想法："因为多数人的身高都围在

'平均数'的左左右右。""对，'平均数'能反映出这一组数据的一般水平，它具有代表性。"吴老师总结道。

在吴老师一步一步的引导下，学生们的思维也变得更加活跃，思考也更具深度，并且敢于质疑老师。

在吴老师带领学生们回顾反思的过程中，一些同学的手始终没有放下来，甚至大声喊了出来："老师，我有问题。"吴老师没有忽视学生的提问，而是走到他面前，说："你为什么不同意？""选代表也不准确，如果选的都是矮的或者都是高的，就不行了。"学生急切地说道。"你的意思是选代表的时候，不能刻意挑选，会影响数据的客观性，所以要随机选代表。"学生不约而同发出了"嗯"的赞同声。

吴老师吃惊地问："你们知道随机是什么意思？""就是随便选，不自己挑。"吴老师露出会心的笑容："对，就是这个意思。把随机选的代表的身高进行统计，再算出这些人的平均身高，基本上就能够代表全市6岁儿童的平均身高了。到底选多少代表合适，统计学上也是有讲究的，等你们长大了，随着知识的增加就会理解了。"对于这个问题，学生仍心存疑惑："选代表靠谱吗？"吴老师停顿了一会儿，举例说道："你们见过这样的情景吗：妈妈做汤时要想知道咸不咸，怎么办呢？""用小勺盛一点儿，尝一尝就知道了。""对呀，妈妈不用把一锅的汤都喝了才知道味道吧？这也是选择其中的一部分来说明整体啊。"吴老师打趣道。课堂上又传来一阵笑声。

学生们已渐入佳境，吴老师顺势出示课前搜集到的一些身高的数据（见下图），说道："下面咱们就模拟一次有关部门处理这些数据的过程。假如此次调查选择了8000位代表。你们准备怎么办？""把这些数都加起来，再除以8000。"

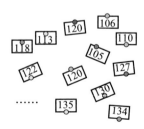

板书：

（118+113+120+105+135+127+122+……）÷8000

"如果平均身高是 120 厘米，我们的免票标准就是……""120 厘米。"同学们异口同声地回答。吴老师并没有着急否定，而是露出一副疑惑的神情："真的是这样吗？"随后让学生们继续讨论起来。

等待就会有收获。终于有个学生说："我觉得很多小朋友的身高，高高低低的都在 120 厘米的周围。如果免费标准定在 120 厘米，只照顾了身高 120 厘米以下的一部分人，比 120 厘米高的小朋友怎么办呢？""这个意见真好，大家听懂了吗？"众生点头。"是啊，这么多高高低低的数据都拥挤在 120 厘米的周围，你们有什么好建议？""改成 122 厘米、125 厘米、130 厘米……"吴老师走向黑板，画了一些竖线，引领学生们体会着这个同学的意思。

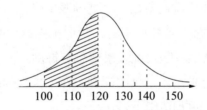

"这些竖线分别表示小朋友们的身高有 100 厘米、110 厘米、120 厘米、130 厘米……，如果只定在 120 厘米这里，就只满足低于 120 厘米的人，所以你们还想往后放一放，这样会有更多的人能享受免票待遇。到底放多少，这在统计学上也是很有讲究的，随着知识的增加你们会理解的。其实，标准定在哪里，现在已经不重要了，重要的是你们亲自经历了对数据收集、分析、思考、整理的过程。"吴老师接着说，"其实不管放宽到哪里，'平均身高'反映了这群数据的整体情况，是我们作出决策的重要依据。"学生们点点头感叹道："平均数太重要了。"

[赏析：借助真实问题解决过程，引发儿童认知冲突，激励儿童的大胆质疑。引导儿童经历数据分析、运用平均数解释生活现象及解决生活问题的过程，感受平均数的价值与统计意义。同时在不断对话、质疑、思考中，培

育儿童的"数据分析观念"，即通过从网上收集、统计全部数据到抽样收集数据的多种方法的获得中，使儿童获得从随意性的经验判断到利用数据解决问题的经验，逐步形成合理地解决问题的能力，进而感受调查研究、整理收集分析数据的必要性，进一步理解平均数具有"代表性"的重要意义。]

3. 在特殊情况中，体会"随机性"

"这个政策一宣布，家长儿童会更开心，皆大欢喜。"正当学生们为自己的判断感到满意时，吴老师话锋一转："你们看，姚明领着高高的女儿来了。一上车就问售票员，我女儿还不到 6 岁，为什么要买票啊？"在新情境的引导下，新一轮的讨论开始了。

吴老师问："你怎么向姚明叔叔解释啊？""姚明叔叔对不起，您的孩子太高了。""姚明叔叔，您孩子的情况比较特殊，我们不能照顾到所有的人啊。""姚明叔叔，太高的也照顾不了，您女儿是特殊的人。"学生们脸上写满了歉意，似乎真的在与姚明对话。吴老师眼中充满了对学生们的欣赏，称赞道："你们对数据的感觉真好！是的，我们虽然以'平均数'为依据制定标准，但平均数只能代表一般情况，事情总有特例。"

吴老师总能带给孩子意想不到的问题，在一次次的问题解决中，孩子们对于平均数的应用意识更加清晰了。

[赏析：让学生感受平均数的本质意义是代表一组数据的"一般水平"，即大多数数据会在平均数上下浮动，但是也存在特殊数据，体会数据的随机性。]

四、回顾反思，梳理总结

在最后的分享收获环节，学生们争先恐后地说："我会算平均数，还知道生活中会用到平均数。""平均数的'家'是有范围的，它长在一组数据中的最大数和最小数之间。""平均数会变化，来了一个新数，它就会被拉高或拉低。""平均数真厉害，还能解决修订免票标准这样的难题。"课前"拍脑门作决定"的学生也站了起来，认真地说："通过学习，我懂得了收集数据很重要，不能只凭自己的感觉作决定，有了数据才能定得更准确。"

吴老师认真地听着同学们的发言，点头表示赞同，并称赞道："你们对平均数的感觉越来越丰富、越来越全面了。而且，你们还体会到数后面承载着信息，懂得了凡事要进行调查研究，根据数据作判断、作决策的道理。今天我们初步走进平均数，以后还会不断用到平均数，你们会更深刻地理解平均数。"

学生们的脸上洋溢着幸福的笑容，丝毫没有因为课堂的 45 分钟而感到疲倦。

[赏析：通过回顾整理总结，帮助儿童积累数学思考的经验和解决问题的经验，让经验驻足。从情感层面，有的孩子感觉这节课很有趣。从知识层面，有的孩子说，知道了什么叫平均数，平均数怎么算，而且提到了生活中可以运用平均数来解决问题；还有的孩子说到平均数的特点，它很脆弱，很善变，总会随着数据变化。而从学习经验层面，最开始凭感性认识确定一米三的孩子说到以后遇事要作调查研究。可喜的是，我们看到了孩子们在这节课上得到了不同层面的发展，这也许才是教育的真谛。]

評 析

打造经典
——观摩吴正宪老师《平均数》一课的几点感想

最近有幸两次观摩著名数学特级教师吴正宪执教的《平均数》，并与她有过比较深入的交流，感想颇多，很愿意与同行们分享。

吴老师在数学课堂上的亲和力与教学机智早已在小学数学界广为流传，形成众多的"粉丝"。虽然我也很喜欢吴老师的教学风格，而且我认为在小学阶段，通过老师的教学魅力让孩子们喜欢上数学课、进而喜欢数学是最重要的，但这里我想着重谈谈吴老师这堂课的教学设计。

2005 年，莱什等人提出"数学教育是一门设计科学"的观点，得到了许多人的赞同。作为一门设计科学，除了基础理论外，更重要的是富有创意的设计和可以成为经典的作品。在教师的日常教学工作中，所从事的实际上都是设计的工作，从单元教学设计到课堂导入的设计，从问题情境的设计到课堂活动的设计，等等。可以说，我们并不缺课堂教学设计的"课例"，缺的是可以成为经典的"作品"。

吴老师的这堂《平均数》是不是可以成为经典，当然不是哪个人说了就算的。但就我自己而言，这堂课带给我的思考和启发是很多的。下面，我就从教学设计的角度简单地谈几点。

一、作为数学概念的"平均数"与作为统计概念的"平均数"

我们知道，数学和统计学都是一级学科，这意味着数学与统计学在研究问题、研究方法等方面都是有本质区别的。"平均数"的概念在数学中和统计学中都有，数学中的"平均数"可以看作两个数的"平分"（算术平均），也可以看作是数轴上两个点的"中点"，还可以看作两条线段的"取长补短"（梯形的中位线）。那么，统计中的"平均数"有什么不一样的特点呢？怎样才能在《平均数》课中上出"统计味"呢？

吴老师这堂课是通过让学生回忆最近一次数学考试的平均成绩引入"平均数"的概念的。虽然这是一个很平常的课堂导入方式，但其中的几点设计还是很有启发性的：

首先，虽然在许多《平均数》的课例中都是通过平均成绩导入的，但一些老师用的是"某个班级的某次考试成绩"，而吴老师用的是"我们班最近一次数学考试成绩"。前者是一种虚拟情景，其中数据是没有真实含义的，后者不仅数据是真实的，而且与每个同学都有直接的联系。这里就反映了数学与统计的一个区别，统计中的数据应该是真实的、有意义的，每个同学都可以运用这些数据讲自己的故事。

其次，如果只是让学生依据每个人的成绩计算平均成绩，那就是一个数学过程。吴老师没有"到此为止"，而是让学生考虑自己的成绩与"平均成绩"的关系：谁的成绩比平均成绩低？谁把平均成绩"拉高"了？这个平均成绩"代表"了什么？这些问题很好地反映了统计与数学的区别。"平均数"是一个统计量，它"代表"了这组数据的一种数量特征，这组数据中的每个数虽然与"代表"都有关系，但"亲密程度"并不一样。在我最近观摩的吴老师的另一堂《平均数》的课中，吴老师还让学生讨论："平均成绩"有什么意义？孩子们居然发现了四种意义：除了上述的"代表性"外，还"可以推测每个同学在这次考试中的位置"，"反映了我们班这次考试的总体水平"，"可以和其他班级比较"。我觉得，学生似乎已经开始尝试用统计的方式思考问题了。

二、数学中的"问题解决"与统计中的"问题解决"

我们对数学中的"问题解决"，通常会给出一个明确的"答案"：或者是一个明确的数量和表达式，或者是判断一个命题的真假。即使是在"很不确定"的数学建模活动中，要找的仍然是"确定"的数学关系，运用的是"确定"的推理方法，依据的是"确定"的数学理论。

那么统计呢？统计中的"问题"与数学中的"问题"有区别吗？"答案"有区别吗？解决问题的思路、标准有区别吗？我觉得，吴老师这堂课就是一个有代表性的"样本"，可以帮助我们去理解上面这些问题。

在课堂上，吴老师和孩子们要解决的是下面这个实际问题：

某市原执行的六岁以下儿童乘车免票的标准是"1.1米"，需要修改。假如你是该部门领导，你打算怎么做？

这是一个典型的统计决策问题。在解决这个问题的过程中，吴老师和孩子们大概经历了以下几个阶段：

阶段1：确定决策目标。

某市相关管理部门想要达到的目标是：让六周岁以下的儿童可以免票乘车。这个目标看起来是明确的，但实际操作起来就出现了"问题"：乘车时如何证明一个儿童没有超过六周岁？让每个儿童都随身带着户口本或身份证，这显然是不现实的。可行的办法是像以前一样，用身高作为判断是否可以免票乘车的标准。那么，用谁的身高呢？领导"拍脑袋"行吗？孩子们经过讨论，得出的比较合理的做法是：考虑六周岁儿童的平均身高。于是便进入了第二阶段。

阶段2：提出统计问题。

需要解决的问题是：全市六周岁儿童的平均身高是多少？这是一个典型

的只有通过统计才能解决的问题，因为"六周岁"是一个不确定的概念，而全市六周岁儿童是一个"海量"数据，我们不可能"算"出全市六周岁儿童平均身高的精确值。那么统计是如何处理的呢？于是便进入第三阶段。

阶段3：收集数据。

要收集的是全市六周岁儿童的身高数据。那么如何收集呢？有学生提出"网上收集"，有学生说"先找来一些小朋友，量一量他们的身高"，于是自然产生了数据的"代表性"和"随机性"问题。能从四年级小学生口中听到"随机选代表"的说法出乎我的意料，这也再次印证了我们不能低估儿童的观点。在这堂课上，孩子们想了许多"随机选代表"的办法，虽然这些办法还算不上真正的随机抽样，但至少他们已经具备了随机性的初步概念。

阶段4：数据处理。

在"随机"选出8000名"代表"后，吴老师和学生一起对数据进行了两方面的处理：一是计算平均数；二是画出下面的数据分布图。

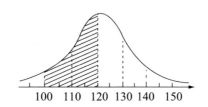

就我而言，这是我第一次在小学的课堂里看到统计量的分布图，我相信，四年级学生的头脑中不可能有"正态分布"这样的概念，但不妨碍他们对这种分布图产生直观的认识，而这种直观认识对于形成统计直觉来说是非常重要的。

阶段5：统计决策。

在计算出了全市六周岁儿童的平均身高120厘米之后，就到了"依据统计结果进行决策"的阶段，但很快，孩子们又发现了问题：用平均身高120厘米作为免票乘车的标准是否合适？孩子们都认为不合理，因为按照这样的标准可以免票的差不多只有一半的儿童。于是，问题没有解决：到底如何定标准才合理？有学生提出增加2厘米、5厘米、10厘米……虽然在这一阶段，学生还很难给出更为合理的"标准"，但我相信，以后他们会想到更多的办法，除了平均数以外，还可以用众数、中位数、四分位数、正态分布等等，因为这个"问题"已经成为一颗"种子"埋在孩子们的心田里，会开出统计思维的花朵。

阶段6：考虑例外。

这种情况在中小学的统计课中很少看到，但在吴老师的这堂课里却很自然地出现了。"姚明的女儿"使孩子们意识到凡事总有特例。我想，这不仅仅是一个有趣的问题，更重要的是可以帮助孩子们理解统计的本质：用统计方法进行决策时通常是有例外的，因为统计学研究的是不确定现象，也正因为这样，统计学离不开概率论。

通过上面的活动过程，我觉得，学生至少可以体验到：

● 数据是可以帮助我们作决策的；

● 为了使决策公平，数据必须有代表性；

● 可以通过很多方法得到数据，不同方法得到的数据可能是不一样的，由此算出的平均数也可能会发生变化；

● 在依据数据作决策时需要先制定一个标准，但不管标准如何定，都可能有例外的情况；

● ……

我想，上述这些体验对于学生来说是很重要的。也许有人会说，这对小学生来说太难了，他们不可能理解的。我想说的是，那有什么关系呢？这些体验会帮助他们在适当的时候理解的；更何况，我们常常低估孩子们的潜能。

在写结束语时，我又想起了前面的问题：吴老师的《平均数》是不是可以成为经典？我相信，这堂课是可以成为经典的。这不仅是因为吴老师上过很多次不同版本的《平均数》，也不仅是因为她的这些课已经广为流传，还在于她对一堂课的长期不断地精心打磨和长时间地静心思考。她曾和我说过，在她刚走上教师岗位的时候就上过《平均数》，后来又一直在上，自己从来没有满意过，从来没停止过思考，所以不断研磨，不断反思，不断尝试新的设计，直到今天。而对今天这堂课，她仍然在说，还有遗憾，还需要再改进。

所以，我很期待吴老师的下一堂《平均数》。

（华东师范大学数学系　鲍建生）

大胆探索，追求卓越
——评吴正宪老师的《平均数》教学

近几年连续听了吴正宪老师几节数学课，每次都有新的认识，引发对数学教学的进一步思考。吴老师的课有一个突出的特点：她总是不断探索新的问题，总是思考小学数学教学中的重要话题，特别是对一些看似平常，但有重要意蕴的主题的探索。吴老师的《平均数》一课，不仅给我耳目一新的感觉，更引发我对小学数学课程教学改革的一些思考。

一、主题式教学的大胆探索

"平均数"作为统计领域的一个重要内容，教学中应突出其统计意义，这已经成为小学数学教学研究的共识。因此，这一内容的教学重点必然从平均数的计算转向平均数意义的理解，以及运用平均数的知识解决问题，体会平均数中统计思想的现实意义，培养学生的数学核心素养。如何实现这一转变，如何在教学中使学生真正经历和体验平均数的统计意义，培养学生的数据分析观念？吴老师在这节课中对此进行了大胆的有意义的探索。

所谓主题式教学设计是以真实的问题为背景，以解决问题为目标，在问题解决的过程中，学习和运用相关的知识与方法。吴老师这节课，在一定的准备之后，提出了"六岁儿童免票的标准身高"的真实问题，并且后面的教学都围绕这个问题的解决展开。

某市原执行的六岁以下儿童乘车免票的标准是"1.1米"，需要修改。假如你是该部门领导，你打算怎么做？

真实的问题激发了学生的探究欲望，使学生感到要解决这个问题可能会用到不同的知识与方法，其中包括平均数的知识。但在这个问题情境中又没有直接提出求平均数，不能直接用平均数的知识与方法解决问题。面对这样的问题情境，一些学生跃跃欲试，一些学生陷入沉思。吴老师适时地为学生留出充分思考与交流的机会：

"不急，先独立思考，想好了就和同桌商量商量。"然后同学们开始讨论，吴老师行间巡视，参与讨论。

一句简单的"不急"，使学生的心平静了下来。而"假如你是该部门领导，你打算怎么做？"又使学生感受到这个问题的意义重大，不能随意行事，责任感油然而生。

真实的问题为学生提供想象和探索的空间。面对这样的问题情境，学生有各种各样的想法，可以暴露出不同的解决问题思路。

生：我觉得应该看年龄决定是不是免票。（很自然的想法，但不现实）

师：那我们上车都拿着户口本吗？

生：我们感觉差不多6岁的孩子能长到1.3米就算够高的了，所以就定1.3米了。（主观的想法，拍脑袋产生的）

师：（作出很无奈的样子）领导啊，你们一拍脑袋就定1.3米啦？仅凭感觉这样也太随意了吧？其他同学有问题吗？

生：你们小组又没调查，怎么定的1.3米？

师：什么？"调查"是什么意思？能说说你们的意见吗？

生：先得调查调查6岁儿童到底长多高啊！

师：我听出来了，一种意见是凭感觉就定1.3米以下免票，另外一种是先调查。要想知道6岁儿童的身高是多少，怎样调查呢？

生：把某市所有6岁儿童的身高都测量出来，再求出平均身高……

上面的片段反映了学生真实的想法。每一种想法都有一定的道理，蕴含着解决问题的价值与方法。讨论的结果集中在"要解决这个问题，首先需要进行调查"。到这里慢慢进入这节课要学习的主题，要调查就要进行数据的搜集与整理，这正是统计的基本要素。这自然会与平均数建立起联系。对此，人们可能会问：绕了这样一个大圈才进入这节课所要学习的主题，是不是有些慢，没有教学效率？但这正是主题学习的一个基本的逻辑，面对真实的具体的问题，用什么方法来解决这个问题，不是一开始就非常清楚的，需要对问题进行仔细的分析，剥丝抽茧式地深入到解决问题的本质，进而寻找解决问题的方法。这时候学生才能真正体会到平均数学习的实际价值。

现实的主题为学生提供进一步探究的空间。在对具体情境的探究过程中，还产生了许多超出小学阶段平均数学习范围的结果，如对样本和随机的体验，这是与平均数有关系的重要的统计知识，一般在小学的平均数学习时不会涉及，但在这节课的讨论中自然地引出这样的问题。虽不会深入研究，但在学生的意识中会产生进一步探索的种子。对决策和预测等问题的探究，在这节课中也花了一些时间讨论，这样的问题对于小学生来讲似乎有点难，也超出了平均数学习的范围，然而在这个情境中，引出这一问题的探究是自然的，也是必要的。这也是主题式学习的综合性和开放性特征的反映。对于这些问题的探究都为学生学习数学，乃至学习其他知识作了铺垫。

二、儿童数学教育的充分体现

吴老师主张"为学生提供好吃又有营养的数学"，这种为了儿童的数学观也是其数学教育的核心。本节课的设计与实施充分体现了这样的数学教育观。

第一，充分考虑儿童现有的知识基础和发展水平。平均数对于学生来说并不是全新的内容，在学生的经验中经常使用平均数。学生考试的平均成绩就是学生熟悉的情境。借助考试平均分这个情境，学生了解"所有人的分数加起来再除以全班的人数就是平均分"，如果这次考试的平均分是92分的话，对于全班学生而言，一些学生的分数高于92分，一些学生的分数低于92分。低于92分的学生给班级的成绩拉分了。92分反映了班级成绩的整体情况，具有代表性。借助这样的例子讨论平均数，学生感到平均数就在自己的身边。

第二，引起学习过程中的认知冲突。围绕如何确定"免费乘车儿童身高标准"这一现实问题，不能直接运用所学的知识和方法解决。这至少在两个方面引起学生学习的认知冲突。一是没有具体清晰的条件和问题，甚至所解决的问题看起来还不是一个明确的数学问题。这与以往学生对于数学问题的认知是不一致的。学生习惯于解决已知条件是什么，所求问题是什么，用什么样的方法把条件和问题建立起联系。二是当确定通过调查找出平均身高的方法解决问题时，学生面临的问题与以往学习的平均数问题的方法也产生了认知冲突。平均数＝总数量／总份数。现在的问题中有多少个人也不知道，更谈不上求总数量了。与学生熟悉的、数学化了的平均数问题不同，在这里，解决平均数的问题，不是简单地先求一组数的和，再除以这组数的个数，而是先找到这一组数是什么，然后才能想办法求出平均数。

面对这样的问题，需要进行开放的、有深度的思考与交流。上面的教学片段解决了第一个认知冲突，把问题聚集在调查平均身高上。接下来解决如何求平均身高的问题。

师：你们有什么好的建议吗？

生：可以在网上搜集。

师：（微笑）你的信息素养还挺高，上网搜集是个办法。还有什么别的建议吗？

生：可以先找来一些小朋友，量一量他们的身高，再根据这些数算出平均身高。

……

师：刚才我们在交流中经历了：随意定标准，不行；需要调查研究，统计全部数据，太麻烦；挑几个代表，到底选多少个代表合适呢？统计这事还真得讲究呢。选代表，这主意挺好。

生：选代表也不准确，如果选的都是个子矮的或者都是个子高的，就不行了。

师：你的意思是选代表的时候，不能刻意挑选，会影响数据的客观性，所以要随机选代表。

生：嗯。

师：你们知道随机是什么意思？

生：就是随便选，不自己挑。

师：对，就是这个意思。把随机选的代表的身高进行统计，再算出这些人的平均身高，基本上就能够代表全市 6 岁儿童的平均身高了。到底选多少代表合适，统计学上也是有讲究的，等你们长大了，随着知识的增加就会理解了。

生：选代表靠谱吗？

师：妈妈做汤时要想知道咸不咸，怎么办呢？

生：用小勺盛一点儿，尝一尝就知道了。

师：对呀，妈妈不用把一锅的汤都喝了才知道味道吧？这也是选择其中的一部分来说明整体啊。（学生们都会意地笑了）

师：下面咱们就模拟一次有关部门处理这些数据的过程。假如此次调查选择了8000位代表。你们准备怎么办？

生：把这些数都加起来，再除以8000。

师：如果平均身高就是120厘米，我们的免费标准就是……

生：120厘米。

（接下来的讨论定标准、作决策）

以上教学片段涉及几个与统计有关的概念：样本、随机，数据的搜集、整理，求平均数。平均数的计算在这里似乎淡化了，但统计的味道更浓了。学生在不断地解决认知冲突的过程中，深入地思考与探究，经历了数据分析的过程，平均数的重要意义也突显出来。

三、三版平均数教学的启示

据吴老师说，这节《平均数》的设计是她的第三版平均数教学。为什么一个看似简单的平均数问题要设计出三版呢？三版平均数教学给我们什么启示呢？第一版平均数教学追求的是如何理解平均数的意义，如何掌握计算平均数的方法，基本上是以知识与能力为重心的教学设计。第二版平均数教学是在课程改革背景下的教学设计，试图通过学生的实际操作，体现平均数的统计意义，教学中体现数据的搜集、整理、呈现的过程。那么第三版的特点是什么呢？为什么要有第三版平均数教学呢？从这节课的设计与实施过程中我们似乎可以找到答案。

首先，是对小学数学核心内容的深度探究。平均数是小学数学的核心内容，是反映数学学科本质的内容，是体现数学思想，有助于发展学生数学核心素养的内容。随着课程改革的深入，平均数的学习也不断被赋予新的内涵。对数学学科本质的理解，对学生数学学习特征的解读，以及数学教学目标的拓展与提升都会对这一内容的教学提出新的要求。小学数学的核心内容的深度探究是解决一类教学问题的需要。

第二，为学生发展提供更广阔的空间。平均数作为重要的统计量与现实问题有密切联系。以真实的问题为研究主题，在解决真实问题的过程中，培养学生综合运用所学知识解决问题的能力，使平均数不只是孤立的单一的计算方法，将其融入综合不同知识建立数学模型解决问题的视野中，真正体现平均数的价值。同时，为学生提供更开放的探究与思考的空间，会使学生的潜能得到更好的释放，学生的核心素养得到更好的发展。

第三，在小学数学教学改革中追求卓越。吴老师在小学数学教学的研究中从不满足，永不止步，不断追求卓越。三版平均数的探索不是为了出新而出新，而是对以往教学设计的不断反思与升华，是对这一主题教学不断的有意义的探寻与提升。这也许是最重要的因素吧。

这一版的平均数教学设计也为我们提出一些值得进一步思考的问题，如样本、随机等概念在平均数中如何处理，平均数如何成为决策的依据等。

期待吴老师还有第四版平均数教学设计。

（东北师范大学　马云鹏）

课堂花絮

拍脑袋作决定，不行

还记得《平均数》一课中那个"一拍脑袋作决定的小领导"吗？课上，在吴老师提出如何确定乘车免票标准问题中，他的回答是："我们感觉差不多6岁的孩子能长到1.3米就算够高的了，所以就定1.3米了。"而他在课后时总结说："通过学习，我懂得了收集数据很重要，不能只凭自己的感觉作决定，有了数据才能定得更准确。"这样朴实真切的语言，不禁让我们对吴老师肃然起敬，在短短40分钟的时间里，她让孩子发生了可喜的变化。

（首都师范大学附属顺义实验小学　陈丽华）

12 从课堂里生长出来的"问题串"

——《小数除法》课例①

一、情境引入，提出问题

新课引入时，吴老师和同学们分享了一件事，并提出了要求："在我说的过程中，把你认为重要的内容记录下来。"同时还请了一位学生到黑板前进行记录。事情的内容如下：

西北大学四位同学毕业了，四个人一起聚会吃饭。李刚同学说："我先付吧。"之后他给了服务员 100 元，服务员找了 3 元。他们四个人打算 AA 制付费。

学生边听信息，边进行记录。

吴老师问道："你能提个问题吗？"

同学们异口同声地回答："每个人应该给李刚多少钱？"

[赏析：吴老师借助真实的聚餐 AA 制付费的问题情境，让学生边听信息边记录信息中的重要内容，在自然而然中锻炼了孩子们的信息提取能力。并且这个情境很符合小数除法的本质，就是需要进行平均分。]

吴老师在行间巡视，选取学生摘取信息的作品进行展示：

---

① 课例整理：陈春芳　金千千

学生 1：花 100 元　找 3 元　AA 制

学生 2：西北大学的学生毕业了，他们吃一顿饭，李刚说他交钱，付了 100 元找 3 元。

师：你们觉得第一个方法好一点还是第二个方法好一点？

生：第一个方法好一点，把重要的事情提出来，就可以了。

师：生活中我们要用数学的眼光，把解决问题最重要的信息……（吴老师一边形象地做着往外提的动作，一边等待着）

生：（齐）提出来。

一位男生大声说："是提炼出来。"

吴老师边用手势表扬边说："100 元，找 3 元，AA 制。这些重要的信息记住了吗？"

［赏析：吴老师在和学生回忆提取信息的过程中、比较提取信息的简洁性中，让学生再次对这些重要的信息加深印象，更让学生体会到用数学的眼光观察这个丰富世界的重要性，核心素养就在其中一点点融入。］

师：这个问题能自己解决吧？看看每个人应花多少钱。

吴老师把独立尝试解决问题的机会还给了孩子，把可能"犯错误"的机会还给了孩子，也就是把自我反思、自我觉悟的机会还给了孩子。课堂上，孩子们开始思考、尝试。吴老师行间巡视，为后继学习的展开捕捉样本。

众生几乎写出了同样的算式：

97÷4=24（元）……1（元）（这正是学生的前概念）

这时吴老师和孩子扮演起了其中的两名同学。

师：你应该给多少钱？

生：24 元。

师：（稍作失望地说）24 元，我亏了。

生：（迅速改正）25 元。

师：25 元，你亏了。看来，这些钱数是在……

生：（异口同声）24 到 25 中间。

师：这个感觉挺好，钱数既不是整 24 元，也不是整 25 元，是在它们之间。

[赏析：在与学生互相扮演角色的情景中，培养了学生的数感。这个钱数既不是 24 元又不是 25 元，是在它们之间的一个数，确定了这个数的范围。]

吴老师看到学生遇到了困难，给学生指出一个思考的方向："我们学习的有余数除法到这儿就结束了，今天我们遇到了新问题。问题在哪儿呢？"

生：就是比 24 元多一些。（学生在思考，在认真想 24 元余 1 元是什么意思。）

生：（疑惑地问）这个数好像不准确啊。

生：就是余下 1 元，没法办。

生：（急切地）我们就是要算每个人到底付多少钱呀。

吴老师以同样急切的口吻重复着孩子们的话语："是啊，每个人到底多少钱呀？"

众生皱眉、沉默，教室里安静下来。

给学生一定的思考时间后，吴老师问道："问得好，每个人到底多少钱呢？这就是这节课我们要好好研究的问题。余下 1 元，按照过去学过的有余数除法，计算到这儿就结束了。现在你们的老经验遇到了新问题，大家都在追问'每个人到底付多少钱呀？'你们有什么办法自己解决这 1 元钱吗？"

[赏析：聚餐 AA 制付费这样的真实生活情境，孩子们熟悉得不能再熟悉了，而它的的确确又是一个现实问题。吴老师用这样一个真实的生活情境引起学生的真问题、真需求、真思考，自然而然地从原来学过的有余数整数除法，过渡到新需求、新问题（1 个人到底付多少钱？）的小数除法。]

二、在问题解决中，感悟"算理"

1. 在"分 1 元"的过程中，感悟"分"的"道理"

师：刚才在"写除法算式"的过程中你们有什么困惑？遇到了什么困难？

学生着急地说出自己的困惑。

生：这 1 元平均分成四份，根本分不了了。

师：分不了了是什么意思？

生：只余下 1 元，要平均分给 4 个人，每个人没法分到整 1 元了。

生：就是余下的 1 元钱不好办了，如果让其中一个人付，其他 3 个人就少了。真不知道这 1 元钱该怎么分了。谁来帮帮我？

师：余下的这 1 元钱该怎么分呢？你们能想想办法吗？不想自己试试吗？

吴老师为学生提供了元、角、分的学具。全体学生尝试解决问题，吴老师行间巡视，为后继的讨论捕捉样本。

吴老师在实物投影上按顺序呈现出学生作品：

生 1：

1 元 =100 分

100÷4=25 分　　25 分 =0.25 元

24+0.25=24.25 元

生 2：

1 元 =10 角

10 角 ÷4=2 角……2 角

2 角 =20 分

20 分 ÷4=5 分

24 元 +2 角 +5 分 =24 元 2 角 5 分

生 3：

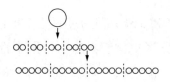

生 4：

把 1 元分成 10 角，再继续分，10 角分成一人 2 角，还有 2 角，再把 2 角分成 20 分，再继续分，把 20 分分成 4 份，一份 5 分。一人总共付 24 元 + 2 角 +5 分 =24.25（元）

学生观察后，互动交流开始了，吴老师鼓励孩子们互相提问。

生：我想问 3 号同学，你画的这个大的圆表示什么？

生 3：这个大圆表示 1 元。

生：（继续提问）10 个小圆又表示什么？

生 3：10 个小圆就是 10 角。

师：3 号同学是把 1 元换成了……

生：10 角。

师：有问题吗？

生：可是 10 角分给 4 个人，还是分不完啊。

生 3 欲解释，吴老师拦住了。

师：不急，其他同学能读懂 3 号同学的意思吗？

生：我看出来了，一个人分 2 角，4 个人就分走了 8 角，还剩 2 角又不够分了。3 号同学又把 2 角换成了 20 分，20 分（平均）给 4 个人，每人分到 5 分。终于分完了。所以一个人需要付的是 24 元 2 角 5 分。

上述讨论涉及了小数运算的道理。

该生说完了，紧紧盯着吴老师，似乎刚才讲的这一切都要从老师这里得到结论。此时吴老师巧妙地一转身："这个问题不是我问的。"该生醒悟过来，主动转向生 3 自信地问了一句："我讲的是你的意思吗？"生 3 满意地点点头："是的"。

师：（顺水推舟）这里展示的作品，哪位同学的作品与 3 号同学图画的意思有些相似呢？

生：（齐）2 号的算式和 3 号分钱的过程是一样的。

师：这个过程值得分享。你们看这两位同学都是把 1 元换成了 10 角，谁愿意借助黑板上的元、角、分，一边回顾刚才分的过程，一边分一分？

吴老师请了一位还没机会表达的同学作补充发言，在黑板上借助学具展示分的过程。

[赏析：整个教学环节一直在围绕着整数除法来谈小数除法，围绕着学生在解决问题中出现的困惑而展开。出现 1 元怎样分？又多出 2 角，怎样分？始终围绕着孩子们提出的问题展开，让他们产生"分"的需要，感悟"分"的过程，理解"分"的道理，在不断提出的问题链中，感悟到除法就

是不断地"平均分"。]

生：我认为 1 号同学的方法简单。1 元平均分成 4 份，不够分了。（众生喊"死棋了"）1 号又把 1 元换成 100 分（众生喊"又活了"），直接把 100 分平均分成 4 份，每人就是 24 元 25 分。

师：你们真有办法，不管是把 1 元变成 100 分，再去分，还是把 1 元变成 10 角，再去分、继续分，还是用直观的图来表示分的过程，都是你们自己解决了一个人到底付多少钱的问题。佩服！

众生脸上洋溢着灿烂的微笑。

师：（不紧不慢又"扎了一针"）还有问题吗？

生：我还是想问问 3 号，你为什么不把 1 元换成 100 分，却换成 10 角啊？

生 3：我想试试。

师：（抓住"试试"这个词，追问）你们觉得这样的"试试"有道理吗？

众生若有所思，有人高高地举起了手。吴老师一句"不急"，又一次给了孩子们思考问题的机会。

师：还有问题吗？

生：（齐）没有了。

师：（话锋一转，以孩子的口吻又抛出了一个新问题）你们真的没有问题了吗？我可还有问题呢。我想问问 1 号同学，1 元等于 100 分，这事我们大家都知道，可是你怎么就能想到把 1 元变成 100 分呢？

生 1：您看，1 元平均分成 4 份不够分了，就得想办法呗。

师：你想的办法真好，我明白了。（始终陪伴着孩子们从头到尾地想问题，使学习暂时有困难的学生有机会跟上大家学习的步伐。）

在老师的启发下，又一位同学站了起来，模仿着老师的模样发问："我想问问 3 号同学，1 元等于 10 角，这事我们大家都知道，可是你是怎么想到把 1 元换成 10 角的？"

……

[赏析：吴老师借助 AA 制付钱这个真实的问题情境，在学生一个一个的问题链中，用原来的旧知识、旧经验，就这样把"余下的 1 元钱怎么继续分"的问题解决了。在不断换钱的过程中，孩子们直观形象地理解了小数除

法计算的道理。]

一波未平一波又起，问题链就这样在问题的解决中生长起来，越问越有意思，越问越有深度。

"新问题"来了。不知哪位学生似乎有些"情绪"地提出："咱们大家倒是解决了一个人付多少钱的问题，那以后是不是总得这样分呀、换呀？太麻烦了吧。"

"这个话问得好！"吴老师显然有些兴奋，"那么大家有什么好办法呢？"

一石激起千层浪……

"有没有简单的方法呢？"

"能不能直接用数算呢？"

"能不能也像过去学习的除法，把这个分的过程合在一个算式里呢？"

学生的思维又一次被激活……

2. 在竖式中再次体会"分"的过程，感悟小数除法的"算理"

吴老师请一名同学到黑板前试着记录分的过程："到底怎样用一个算式来表示分的过程呢？这位同学记录，大家思考，可随时提出问题。"学生板书的同时，吴老师再次提醒同学们边观察、边思考、边提出问题。

$$
\begin{array}{r}
24 \\
4\overline{)97} \\
8 \\
\hline
17 \\
16 \\
\hline
10
\end{array}
$$

这位同学写完，互动对话又开始了。

生：余下的明明是 1 元，怎么在这里是"10"呢？

生：1 元不够分了，刚才我们不是把这 1 元换成 10 角了吗？这里的 10 就是 10 角啊。

生：噢，我看懂了，这样又可以继续分了。

$$\begin{array}{r} 2425 \\ 4\,\overline{\smash{\big)}\,97} \\ \underline{8} \\ 17 \\ \underline{16} \\ 10 \\ \underline{8} \\ 20 \\ \underline{20} \\ 0 \end{array}$$

生：每个人分 2 角，4 个人就分走了 8 角，又剩下 2 角，又不够分了，怎么办呢？谁看懂我算式的意思了？

生：你把 2 角换成了 20 分，再接着分呗。每个人又分了 5 分，正好分完。

生：对啦！

生：每个人就付 24 元 2 角 5 分。

师：同学们看懂了吗？这样记录分的过程怎么样？

生：（齐）真简单！

师：还有问题吗？

生：（齐）没有了。

[赏析：运算能力就在对问题的一个个追问中，就在一步一步地解决问题中得到提升。而学生获得数学学习动力的重要因素正是来自他们对数学问题持之以恒的思考和追问。当原认知与新知识发生冲突时，正是问题生成时，思维在这里被激活，学习在此时才真正发生。]

师：（又一次"煽风点火"）真的没有问题啦？

此时，有个别学生举起了手。吴老师又一句"不急"，给了更多同学再思考的机会，等待更多同学觉悟。片刻的沉默之后，又有学生提出问题，新问题直逼小数除法的本质。

生：好像有点不对头啊，商是 2425 元啊。

生：我算的结果不是 2425 元，而是 24 元 2 角 5 分啊。

师：（顺水推舟）人家的心里算得的结果就是 24 元 2 角 5 分嘛。

生：可是你心里的事，我们大家看不出来啊。

师：（将了一军）是啊，你的事你知道，我们不知道啊。数学是大家共同交流的语言，怎么让大家一目了然呢？你们就没办法了吗？

　　一位同学突然从位子上走到黑板前，在"2425"中间点上一个圆圆的"小数点"即：24.25。

$$1 元 =10 角$$

```
          元 . 角分
          24.25
      4 ╱ 97
          8
          17
          16
            10  角
             8
            20 分
            20
             0
```

　　生：为什么要在中间点上这个小数点？

　　师：问得真好。

　　生：小数点的左边的是 24 元，右边是 2 角 5 分，它把元和角、分给切分开了。所以中间得加这个小数点，我们就不会看混了。

　　师：这个小数点非要写上吗？不写不行吗？

　　生：不行，如果不写就看成 2425 元了。

　　师：（凝望着小数点，自言自语）小数点啊小数点，当我们需要你的时候，你就来啦。你往这儿一站，（以自己为参照）这边就是元，那边就是角和分，你让我们大家一目了然。

　　师：（继续发问）对这个竖式还有问题吗？（众生摇头）

　　吴老师关键时刻又抛出了一个关键问题，把孩子们的思考引向小数除法的本质，即：竖式中的"1"为什么变成"10"啦？竖式中的"2"为什么变成"20"啦？1 是 1，10 是 10，1 和 10 是有误差的啊。同理，2 和 20 也是有误差的啊。是什么让"10""20"就可以这样理直气壮地往那里一站，而且站得那么有底气、那么有力量？

　　一石激起千层浪！孩子们的思维又一次激荡起来："又是小数点！""还

是小数点！"

师：是啊，小小的小数点就像定海神针，它轻轻地往这里一站，不仅左边和右边的"辈分"清清楚楚，定了位，而且还把这个"误差"给扳平啦！（转身面向同学们）你们就不想对小数点说点什么吗？

同学们你一言，我一语：

"小数点真厉害，你来了，元、角、分就分得清清楚楚！"

"小数点别看你小，你的作用可不小！"

"小数点没有你还真麻烦啊！"

[赏析：吴老师引导孩子们在对话、质疑、交流的过程中，体会着"小数点"在小数除法中不可替代的重要作用，非他莫属！这正触及了小数除法的本质。]

三、逐步抽象，建立模型

出示：$9.7 \div 4$，$51 \div 2$。

学生独立解答，一位学生在黑板上板书。以 $51 \div 2$ 竖式为例。

$$
\begin{array}{r}
25.5 \\
2\overline{\smash{)}51} \\
\underline{4} \\
11 \\
\underline{10} \\
10 \\
\underline{10} \\
0
\end{array}
$$

师：商的这个小数点一定要写吗？

生：（齐）一定要写。

师：你们为什么这么坚定地说一定要写？

生：不写小数点，就变成 255 了，容易混乱。

生：如果不写就改变了商的结果。

师：（提出新要求）你能用讲故事的方式，解释一下 $51 \div 2$ 竖式的意思吗？

生：我用 51 元买了 2 个皮球，每个皮球是 25 元，余了 1 元。这 1 元，给这个皮球不成，给那个皮球也不成。不够分了，我就要把 1 元换成 10 角，每个皮球再分 5 角。结果是 25 元 5 角。

师：能用小数叙述结果吗？

生：每个皮球 25.5 元。

生：我用 51 元买了 2 个文具盒……

师：咱们不讲花钱买东西的故事了，换个内容好吗？

生：我把 51 米的绳子平均分给 2 个伐木工人，每人得到多少米的绳子？

生：我把 51 个苹果平均分给 2 个幼儿班，每班得到多少个苹果？

……

吴老师擦掉了黑板上的"元、角、分""米、分米、厘米"。不经意中又抛出新问题："不分东西了，只能分'51'。"

生：51 是什么？

生：（齐）是数啊。

师：是 51 个……

生：1。

师：你们就来讲分 51 个"1"的故事吧。

生：51 个"1"怎么分啊？

师：是啊，谁能讲分"数"的故事呢？

生：把 51 个"1"，平均分成 2 份，每份是 25 个"1"，余一个"1"。不够分了，就把这个"1"换成了 10 个"0.1"，每份分到 5 个"0.1"，结果是 25.5。

师：有道理吗？

众生点头。

生：就是把剩下的"1"切开。

师：这个词用得好，切成几开？（吴老师顺水推舟）

生：（齐）切成 10 开，"1"就变成了 10 个"0.1"，又够分了，结果是 25.5。

师：这个小数点一定要点吗？

生：没有小数点，就不知道这个 5 是 5 个 "1" 呢，还是 5 个 "0.1" 呢。

师：对呀，有了这个定海神针，就知道每个数站在什么位置上了。此时，我们大家该给小数点……

生：（齐）敬礼！记功！

［赏析：借助真实的情景，学生在不断发现和提出问题中，自然而然生出了一个有联系的 "问题链"。同学们理解了当有余数的时候就可以继续分下去。"51÷2" 的故事已经跳出了 "元、角、分" "米、分米、厘米" 的模型，最终落到了数学的本质：分 "计数单位"。这是一个由具体到抽象，再由抽象到具体的认知过程。学生充分感受到了小数除法的本质。孩子们兴奋地要向小数点致敬，要给小数点记功。孩子们内心真实的感受，源自不断提出问题、解决问题的真实的学习过程。］

四、"问题链" 在这里继续延伸

生：（若有所思，举起了手）老师，如果还有余数没分完怎么办啊？

师：（又一次把 "球" 踢给了大家）是啊，又出现了新余数怎么办？

生：（齐）接着分呗。

生：如果还没分完怎么办？

生：（齐）接着分呗。

生：如果还没分完怎么办？

生：（齐）接着分呗。

生：会不会永远也分不完呢？

生：老师，这样会不会出现 "螺旋小数" 啊？

师：（大笑）是啊，你的问题值得思考。说不定在后面的学习中，我们真会遇到螺旋小数呢。（亲切地借用了孩子们口中的 "螺旋小数"）

吴老师请同学们为这节课起个名字。同学们异口同声："这节课就叫'分、分、分'呗。"

此时吴老师宣布下课，这堂课就要结束了。

一位学生迫不及待地站起来："老师，我还有一个问题，如果遇到除数不是 2，是 0.2 该怎么计算啊？"

没等吴老师反应过来，一位学生也站了起来："0.2 要是 2 多好呀！"

师：我也这么想过。那就变成 2 吧。

生：不行，那样商可就该变了。

……

吴老师又一次宣布下课。几个学生围了过来继续讨论，竟然有人提出了能不能根据商不变的规律来计算。

令人难忘的是一位小姑娘走到吴老师身边轻轻地说："我舍不得您……"在场的每一位老师同样被感动着。

同学们带着思考，带着问题，依依不舍地离开了课堂……

［赏析：从有余数的整数除法因需求转变成更精准的小数除法，孩子们问题不断、思考不断。他们在不断发现新问题、提出新问题、解决新问题中感受到分下去、继续分下去的极限思想。生动易懂的儿童语言，深入浅出的助解，让孩子们比较深刻地理解了小数除法的本质。课堂上，吴老师自然而然地进入了儿童的话语系统，陪伴着孩子们从头到尾地思考，顺应孩子的思维而导，与孩子的情绪自然合拍。]

评 析

吴老师执教的这节《小数除法》，内涵十分丰富，对我们理解运算能力、把握小数除法的数学本质、检视自身的教学能力，都提供了可资借鉴的重要参照，为教师走进孩子的世界，点明了可以遵循的努力方向。

一、如何把握运算能力的内涵

运算是人们日常生活中应用最多的数学知识，也是整个小学数学体系中占比最多的内容。过去，小学数学就叫算术，今天，小学数学虽然已拓展为一个比算数更为辽阔的领域，但运算能力仍然是其中的一个核心概念，是重中之重。那么，这个运算能力，是否还是过去的那个算数？这个重中之"重"重在哪里？

为回答以上问题，我们先简单回顾一下吴老师这节课的大致过程，看看在她的课堂里孕育生发的是一种什么样的运算能力。

这节课一开始的"聚餐 AA 制",是学生们所熟悉的生活中真实发生的事。另外,学生在二年级就已经了解了除法的意义,有了平均分的经验,知道了平均分的结果可能正好分完(整除),也可能有剩余。这些都是学生已有的生活经验和知识积累,也是他们喜欢这节课的源泉和教师开展教学活动的依据与出发点。吴老师一直主张数学应该"好吃又有营养",其中的"好吃"与否,就与这些"已有的生活经验和知识积累"有关。

接下来,"聚餐 AA 制"这件平平常常的事,却被已知的 $97 \div 4$ 所余下的那个数卡住了,原本可以"有剩余"的除法,在这里已经行不通,不把这个余数平均分了,解决不了问题。于是,伴随着还能不能继续分、究竟该怎么分等新问题的产生,学生原有的生活经验和已有的除法知识积累,顺理成章地成为了寻找新算法的生长点,逐步融入"必须继续分"的过程当中。

在解决"究竟该怎么分"的整个过程中,我们看到的情况是:一直在黑板前、书桌旁忙活的是学生,吴老师多半是站在一边观察,时不时地说:"把你的困惑说出来。""你想知道什么?""还有问题吗?""不急,停下来想一想。"……话不多,也不复杂,但眼看着,从分"钱"开始,伴随着"为什么是这样?""还可以怎么想?",渐渐地"钱"的概念淡去了,分"钱"开始转化为分"数",特殊开始转化为一般,具体开始变得抽象,在孩子们脑海里,并不那么简单的"小数除法"开始呼之欲出。

循着这样的过程,最后,学生不仅把 $97 \div 4$ 除尽了,也引出了算像 $51 \div 2$ 这样的问题,甚至大体上搞明白了 $51 \div 0.2$ 的道理就在于"0.2 变成 2 就好了"。同时,他们也在"继续分"的过程中,体会到了小数点的奥秘。更多的细节在课堂实录中都可以看到,上面仅记述了这节课的大致节奏与过程,目的是说明,这样一个过程,就是今天培养运算能力所必需的教学生态。

在课程标准中,作为核心概念提出的运算能力主要是指"能够根据法则和运算律正确地进行运算的能力","培养运算能力要有助于学生理解运算的算理,寻求合理简洁的运算途径解决问题"。其中值得特别关注的,是关于"理解算理、寻找算法"的要求。这里的"寻找"是一个前所未有的新提法,即这个运算能力中的运算不是现成的,而是需要经由学生的发现得到的。所以，今天的运算能力，已经改变了以往单纯追求"又对又快"的传统面貌，作为"算法多样化"的升级版，为学生的探索、发现提供了一片沃土。

但在现实中，运算能力的这一重大变化，尚未引起普遍关注，本来其中已经包括了实实在在的创新要求，但人们脑海里还是原来那个难于出新的印象。正是从这个角度，吴老师的这节课，对当前理解运算能力的内涵，有着特别重要的意义。从现实中的问题（聚餐 AA 制）到数学中的问题（97÷4），从有余数的除法到小数除法（余数必须继续分），这个从头到尾引导学生寻找解决问题答案的完整过程所反映的，就是改革新常态之下运算能力教学应有的直观教学生态。这节课以清楚的节奏，始终聚焦于引导学生对余数的一分再分，在一个探索、发现的过程中呈现出标准所期待的运算能力的内涵。比起那些理论著述中关于运算能力的晦涩表述，吴老师在这节课上的教学把握，更有助于我们开展运算教学时借鉴。

二、如何把握小数除法的数学本质

教学形态或多或少可以模仿，而对教学内容的理解，在某种程度上，才是这个以"寻找"为主旋律的课堂里的"定海神针"。

在这节课之前，学生已经认识了小数，这节课的小数除法，重点在运算，而小数的本质恰与运算有关。

长期以来，人们对"分数、小数和百分数是一个数还是三个不同的数"就多有争论，我们甚至见过某人大代表要求澄清这是三个不同的数的来信。其实答案十分清楚，在有理数轴上，这三个数属同一个点，所以毫无疑问是同一个数。但是，数本身还有另一个重要的功能——表示，之所以有一个和三个之争，就是由同一个数的不同表示引起的。例如，要反映整体与部分之间的关系时，往往要用分数；要在不同客体间对同一对象进行比较时，显然百分数更一目了然，这时候的分数和百分数更像是一个模型；而小数则是运算的结果（如 97 和 4 都不是小数，结果生生除出一个小数 24.25 来），而这个结果又成了能简洁表示一个大数的基础（科学计数法）。所以分数、小数、百分数是一个数的三种表示，各安其所，缺一不可。

再回到小数，在可度量、有单位的情况下，所有的小数都可以转化为整数，基于此，小数运算的算理就是整数运算的算理。唯一需要关注的是抽象的小数除法，一旦除不尽时，就要模拟有单位的具体情况，把角换成分，把米换成厘米，把1换成10个0.1，等等。于是小数除法最本质的内容出现了：硬要把明明没有单位的数按有单位的数那样去除，明明1除不了2，为了"必须继续分"就要把1当成10以保持运算的可持续性。所以，小数除法的本质就在于如何记录把余数1放大十倍后造成的误差，而这个记录就是小数点。一般说来，小数除法，是整数除法的自然延续，小数点是基于等式性质的特殊标记，是运算的结果。如1.25元中的小数点与运算无关，仅是标示出客观存在的单位，而51÷2=25.5的小数点则是运算的产物，生活中的小数和数学中的小数，有时候还不是一回事。

上面所说的内容，几乎都没有在吴老师的课堂话语体系里出现，但我们已经清清楚楚地看到的是：一向不作什么激情演讲的吴老师，面对"分不完也要分"的情况，充满自信地往讲台中间一站，并大声说出四个字"定海神针"！她以自己为"特殊标记"，推动学生接着说、继续算。学生的计算每向前一步，她都会大声问：谁在我的左边？谁在我的右边？引导学生以课堂中间的老师为参照，把"除不尽"一步步除下去。于是，具象的教师代表了抽象的数位区隔，这个画面，切中要害，抓住本质，小数除法的算理以这种形式展现，实在是太美了。

我们相信，虽然吴老师没说什么是本质，也没提这经验那思想，小数点是每当遇到除不尽又必须除下去时的"定海神针"这一点，对学生的影响必定是深远的，不仅今后遇到"除不尽也要除"的情况时，"左边、右边"的声音，一定会在他们的耳边不断响起，而且他们也会有足够的自信，去面对未来更多的挑战。

伴随着运算过程发现的小数点，道出了小数除法的本质，除了有用，这也是一道丰富的数学营养餐，学生通过自己的尝试发现了：只要有算理在，总会在看不见路的地方，蹚出一条"继续算下去"的路来，由此产生的自信，自会转化为这道数学营养餐的美味。

不过我们也知道虽有营养但不好吃的数学菜谱里也少不了小数点，不知多少学生在与小数点不知所云的机械操作中迷失了自我，甚至被小数点搞得与数学日渐疏离。

吴老师在这节课的教学实践中证明，小数点不是哪个数学大佬的天才发明，想让有营养的数学同样能够好吃，离不开教师对数学本质的把握，因为这是引导学生探索的基础。只有在解决问题的尝试中，才有可能揭示小数点的来龙去脉，发现小数点在把余数除尽过程中的作用，也才有可能体会到，无论是站在那里的吴老师，还是点在两个数字之间的小圆点，都是在提醒数位的变化，都是等式性质派来的权威代表。把这些想清楚了，小数点才真正成了学生数学菜谱里的一道美味。

我们每每感叹吴老师对数学本质的把握能力，许多长篇累牍也说不清道不明的事，她有办法通过自己的轻轻一站，使学生豁然开朗。我们也深知，做到这些，对她而言，也绝不会是一蹴而就的，离不开经年的磨砺与思考。所以，吴老师理解与把握小数除法数学本质的思路与实践的确值得深思与回味。

（中央民族大学　孙晓天

北京市顺义区教育研究和教师研修中心　张秋爽）

课堂花絮

"小数除法呀，你如此简单"

课后吴老师和崔静老师对学生进行了课后访谈：

吴老师和孩子们交流道："同学们，这就是今天吴老师带着你们一起走进的小数除法。不就是把余下的单位再继续分吗？一个变 10 个，继续分；再一个变 10 个，不断地分下去。此时此刻你们最想说什么？"

众生说："小数除法呀，你如此简单。"

老师都认为难教，学生认为难学的小数除法，一节课上下来却被认为如此简单。

吴老师继续追问道："简单在哪儿？"一个学生自告奋勇地说："就是把余下的余数，分、分、分。"有一名学生站起来表达自己的想法："小数除法和我们原来学习的整数除法差不多。"此时，学生的学习已经建立起了知识的网络。有一名学生补充道："就差了个点儿和数字而已。"此时吴老师欣赏地评价道："看看会学习的人、会听讲的人，收获多多。"

"我发现了，25，如果在中间加一个小数点，数就会差好多。"经历了探究的过程，学生对小数的认识更加深刻。"我觉得这个小数除法呀，就是分、分、分。肯定有一天能分完的。"一位学生深有感触地说。这时有学生立刻反驳："分不完的。"孩子们的思考还在继续……

崔静老师又和孩子们交流起："就这样一个小数的竖式分了一节课，你们认为有必要吗？老师告诉你们不就成了吗？"学生立刻反问道："但是我们还不懂啊！"另一个学生补充道："我们想彻底认识小数。"学生们争先恐后地想表达自己的想法："我们想把小数的谜，全部解开。如果让老师告诉我们答案，我们无法有自己对小数点的认识。""如果老师告诉我们的话，就不知道以后小数的题怎么做了。""如果老师告诉我们，我们心里不能彻底理解它。"……

下课铃声响了，孩子们还想继续表达自己的想法，想继续上这样的数学课。我们被吴老师的教育智慧折服的同时，也感叹于孩子们的真情流露。一节课下来，孩子们在熟悉的情境中，在熟知的整数除法的基础上不断质疑、解疑，不断走向"除法"的本质——"平均分"。一节数学课带给学生的是对数学知识的无尽探索，成为激发学生继续学习的内在动力。

（北京市顺义区石园小学　陈春芳）

13 "符号意识"在这里萌芽

——《用字母表示数》课例 ①

一、谈话激趣，引入课题

新课伊始，吴老师自然地在黑板上写上"用字母表示数"，然后转过身问学生们："用字母表示数这样的事，在原来的学习中或者生活中你遇见过吗？"

一个男生迫不及待地说："我见过，x 是未知数。"另外一个男生也抢着说："我也见过，玩扑克牌的时候，K 代表 13。"吴老师点点头："真好，你还记得玩扑克牌的时候见过 K，这个 K 只表示 13 吗？"众生点头。吴老师再次追问："用字母表示数的事情还有吗？"学生们争先恐后地搜索着生活中用字母表示数的例子：CCTV 表示中央电视台、KFC 表示肯德基、P 表示停车场……

[赏析："用字母表示数"看似简单、平淡，但儿童从"具体的生活实例、具体的数和算式"过渡到对"含有字母的式子"的理解与运用，是他们数学认知上的一次飞跃。吴老师巧妙运用了儿童的生活经验，让儿童自然地开始了思维的跃动。]

---

① *课例整理：张秋爽　海朋　翟石盈*

二、自主探究，构建新知

1. 自主提问中，启发新思考

正当学生们寻找得不亦乐乎之时，吴老师话锋一转："看来生活中的例子很多，但我们今天研究的用字母表示数跟这些可有点不大一样。面对今天的课题你们想研究点什么呢？"

学生们若有所思，不过片刻就纷纷举起了小手："怎么用字母表示数呢？""为什么要用字母表示数呢？""用字母表示数能给我们带来什么好处吗？"……

看到学生们积极投入的状态，吴老师把问题一一板书在黑板上："你们一口气提了这么多问题：怎么用字母表示数？为什么要学习用字母表示数？它能给我们带来怎样的好处？……我知道你们还有许多问题，一会儿在学习的过程中也会产生一些新问题，那我们就带着这些问题一起来研究研究。"

[赏析：在吴老师的激励下，一颗颗善问之心被激发。宽松的课堂氛围，让儿童不再拘谨，问出自己真正想研究的问题，也开启了本节课的研究之旅。]

2. 互动交流中，初步建立符号意识

看着学生们跃跃欲试的样子，吴老师不慌不忙地指向王虎同学亲切地问："你今年几岁？"

"10 岁。"

吴老师放慢了语速说："王虎 10 岁，你们班主任李老师比王虎大 30 岁，你们会表示李老师的年龄吗？谁愿意和我共同完成这个任务？"

一位学生自告奋勇地来到黑板前板书：10+30=40（岁）。

吴老师继续问："假如王虎 11 岁了，李老师多大？"

学生接着写：11+30=41（岁）。

吴老师顺势追问："假如王虎 12 岁了，李老师多大？"

学生继续书写：12+30=42（岁）。其余学生边观察边点头，表示认同。

这时，黑板上出现 3 行关系式后，吴老师停了下来用略带商量的语气问："你们喜欢用'10+30=40（岁）'的方式来表示李老师的年龄。如果只写'10+30'，你们还能看懂它吗？"说着，吴老师便把每道算式后面的结果轻轻擦去了。学生们稍作疑惑，转瞬又高举起小手："10+30 表示当王虎 10 岁时，李老师比他大 30 岁，是 40 岁。"吴老师竖起大拇指，赞赏地说："你真了不起，不仅关注到了算式的结果，还关注到了结果背后的道理。"

随着师生对话的不断深入，黑板上逐渐出现了众多算式：

王虎年龄（岁）	李老师年龄（岁）
1	（1+30）
2	（2+30）
3	（3+30）
4	（4+30）
5	（5+30）
6	（6+30）
…	…
10	（10+30）
11	（11+30）
12	（12+30）
…	…
18	（18+30）
24	（24+30）
30	（30+30）
…	…

随着算式越来越多，吴老师故作为难地说："王虎 70、80、90 岁时，李老师多大了呢？这样的式子还能写下去吗？"学生根据经验，很快写出李老师的年龄，至于这样的式子能不能写下去这个问题，学生们的回答各不相同，有的说能写到无数，有的学生说人的岁数只能写到 100 多岁。吴老师边听边解释学生想要表达的意思："我听出来了，你的意思是说，关于年龄的

问题，这样的式子还有很多，但是人的寿命是有限的，在这里不能无休止地写下去，对吧？"学生欣然点头，再一次为老师读懂了自己而发自内心地欢喜。

[赏析：此时的交流，已仿佛脱离了数学课堂，把儿童带入了生活殿堂。师生间看似随意的聊天，却凝聚了吴老师的大智慧。儿童享受思考的过程，感悟知识背后的道理。]

3. 讨论比较中，感悟用字母表示数的概括与简洁

稍作平静后，吴老师引导孩子们继续思考："在这众多的式子中，你们有什么重要的发现吗？"

一个男生理直气壮地说："我发现无论我们怎么长，无论我们几岁，李老师的年龄都比我们大 30 岁。"吴老师点点头，赞许地说："你观察得很准确！像这样的式子我们还能够写出很多，今天我们第一个挑战的问题就是，知道王虎的年龄，怎么表示李老师的年龄呢？这么多的式子写起来真的好麻烦，我们能不能试着用自己的方式把李老师的年龄表示出来？"学生明白了学习任务，开始独立思考，尝试着总结。

吴老师行间巡视，在关注每一个孩子如何思考的同时，也在寻找选择集体交流时用哪些学生的样本。这些样本很快被提取出来，并按照一定顺序显示在投影上。

1 号样本：10+30=40（岁）

2 号样本：王虎的年龄加上李老师比他大的 30 岁，就是李老师的年龄。

3 号样本：（□+30）岁

4 号样本：（a+30）岁

5 号样本：学生是 A 岁，老师是 B 岁。

吴老师指着这 5 种不同的表示方法："哪个没看懂？可以提出问题，与同学对话。"生生间的互动分享拉开了序幕，一个男生立即站起来提问："3 号作品的'□'表示什么意思？"3 号小作者信心十足地回答："表示王虎的年龄。"发问的小男孩满意地坐下了。又一位同学质疑："4 号的'a'表示什

么意思？""也表示王虎的年龄。"……就这样你一问他一答，很快学生们的困惑就被小作者——解答了，吴老师看到同学们对式子表达的意思没有问题了，顺势提出新问题："既然都看懂了，咱们就讨论一下吧。你同意哪种表示方法，不支持哪种表示方法？说出理由。"

学生们纷纷议论起来，一个小男孩站起来说："我不同意1号写的，1号只是表达了'当王虎10岁时'李老师的年龄。如果王虎明年长了1岁，这个算式就作废了。"

吴老师顺水推舟，继续追问："你们听懂这位同学的意思了吗？"一石激起千层浪，引发更多同学对此意见的关注。一位急性子的同学站起来说："我听明白了，1号写的不全面，黑板上的（1+30）岁、（6+30）岁、（18+30）岁、（30+30）岁等等都没包括进去。"此时1号同学意识到自己的表示方法不能包括这类事的所有情况。吴老师接着引导孩子们思考发现："我们需要把所有的情况都包含进去，你觉得哪种方式表示更全面呢？"一个小女孩发表自己的看法："我最喜欢2号同学写的，他写得很全面，也很清晰。我一眼就看得很明白，只要王虎的年龄加上李老师比他大的30岁，就一定是李老师的年龄。比如学生1岁，老师的年龄是1+30=31岁；学生3岁，老师的年龄是3+30=33岁；学生6岁，老师的年龄是6+30=36岁……"

学生参与交流的积极性被调动起来了。"我觉得2号同学不仅表示得清楚，而且还把大家写的所有情况都'盖'上了。"一位高个子同学连忙发表自己的看法。吴老师面对儿童化的语言，连忙追问："你的都'盖'上了是什么意思？""就是把所有的情况都包括在里面了。"……同学们用各自的话语进行着解读。大家频频点头表示认同。

吴老师继续启发引导："还有不同意见吗？"新一轮的互动交流又开始了。"我喜欢3号写的'（□ +30）岁'，这个式子也很全面。王虎的年龄加上30岁，就是李老师的年龄。而且不像2号要写那么多的字，太麻烦了。""他不但说出了喜欢3号的原因，还说出了不喜欢2号的理由。"吴老师看似随意的一句评价却打动了儿童。"我更喜欢4号写的'（a +30）岁'，这个式子把所有情况都总结进去了，很全面，也很简单。"课堂上，孩子们有评价、有反思、有交流，一个个津津有味地思考着。

吴老师适时抓住契机："这话说得有力量！'（a+30）岁'既清楚、简便又全面地把这一类式子的特点都包括进去了，这就是概括。这几位同学的作品表面上看有不同，那有没有共同的？"

"我认为2号、3号和4号其实是一样的，都把这些式子表示的意思总结了，只是4号更简洁。"学生的回答体现了透过现象看本质和数学求简、求美的本质。

吴老师给予了充分的肯定："好眼力，说得好。数学就是追求简洁啊，用简洁的'（a+30）岁'，这个式子表示出这一类式子共同拥有的规律，其中字母起了重要作用。我们只要知道'a'表示王虎几岁，就可以马上求出李老师的年龄。"

[赏析：吴老师就是在各种表示方法的比较中，让儿童一点点地去理解字母表示数的简明概括性，体会到符号是一种重要的数学表达和辅助思考的工具；掌握用字母式表达数量关系和变化规律的方法，从而有效地帮助儿童建立符号意识。]

4. 质疑提问中，加深对用字母表示数的认识

吴老师的亲切、包容，似乎也打开了学生思维的大门，学生的疑问又产生了："a表示王虎的年龄，可以用x表示吗？""谁能帮忙解答？"吴老师略微急迫地问。"我觉得可以用x表示。""我觉得所有的字母都可以表示王虎的年龄。"这一问题迎刃而解。

一个一脸茫然的孩子站起来问："王虎是a岁，他到底是几岁呀？"显然他对用"（a+30）岁"表示李老师的年龄还是有点不认可。吴老师仍然不急于直接给孩子答案，而是跟着孩子一起皱眉说："是啊，王虎到底几岁？谁能帮忙解答这个问题？"4号作品的作者立即站起来说："a岁表示几岁都行。"

吴老师顺势小结道："确实a表示什么数都行，看来有些同学对用a表示王虎的年龄心里还不太认可，还有疑问，a到底是几啊？没事的，慢慢就会习惯这样的表示方法了。王虎a岁，a在这里是可以变的数，比如表示1岁、10岁、26岁、50岁……都可以。不像刚才扑克牌中的K，它只能表示13。又因为人的生命是有限的，所以a在这里表示的数是有范围的。"

吴老师话音刚落，又有同学开始质疑："5 号作品中的王虎 A 岁，老师 B 岁，是什么意思啊？"5 号作者说："A 岁表示王虎多少岁都可以；B 岁表达李老师多少岁都可以。"吴老师还是不急于发表自己的看法，而是鼓励同学们积极思考："大家觉得怎样？有不同意见吗？"学生开始自告奋勇；"这样虽然可以表示王虎、李老师任何时候的岁数，但是我们却看不出来老师和王虎差多少岁。我还是喜欢 4 号的。它能让我们知道李老师比王虎大 30 岁。"生生间的一问一答，使个别学生认识到自己认知的偏差。

听到孩子们的讨论结果，吴老师适时进行点评："同学们讨论得真好，大家不断地提出问题，又通过讨论，慢慢清晰。我们知道 a 表示王虎的年龄，a 是一个可以变化的数。'（$a+30$）岁'不仅表示李老师的年龄，还表示了李老师比王虎大 30 岁这样一种关系。这个回合的讨论真是太重要了。"

[赏析：都说"好问则裕，自用则小"。面对儿童不断提出的新问题，吴老师从来不急于作答，而是耐心引导、适时总结，激发他们不断地向算式发问，向同伴发问，更向自己的内心发问，一步步地走近用字母表示数，感受符号化思想在数学中的运用，感受数学的神奇。]

三、巩固练习，应用拓展

1. 在情境中建模

师：每盘有 4 个苹果，2 盘有几个苹果，怎样表示？

一位学生到黑板上板演，其他学生在作业本上记录。

生：4×2。

师：3 盘呢？5 盘呢？21 盘呢？56 盘呢？79 盘呢？100 盘呢？1000 盘呢？

生：4×3；4×5；4×21；4×56；4×79；4×100；4×1000。

同学们快速地记录着……随着算式越来越多，有些人开始怀疑："还要继续写下去吗？"

同学们开始交头接耳……终于有人喊出："太多了，受不了了！"

吴老师鼓励说："受不了了，就得想办法呀！"

一位学生说："我可以写成'$4 \times x$'个。"很快这个式子就遭到了质疑。该生有板有眼地解释道："x个盘，就有'$4 \times x$'个苹果。"学生们恍然大悟，一下子理解了x的价值和含义。吴老师满意地点头并追问："你们的感觉真好，x可以表示多少个盘子？"学生自信地回答："1、2、3、4、5、10、100……"

师：如果"$4 \times x$"中的x不表示盘子的数量了，x表示正方形的数量，那么"$4 \times x$"又表示什么呢？

生：x表示正方形的个数，"$4 \times x$"就表示x个正方形一共有多少条边。

师：假如x表示小狗的只数，你能提出什么问题？又该怎样表示呢？

生：x表示小狗的只数，小狗的腿数用什么表示？

生：（齐）每只小狗4条腿，x只小狗就有"$4 \times x$"条腿。

师：假如用x表示小汽车的辆数，你能提出什么问题？又该怎样表示呢？

……

生：每张桌子4条腿，我用x表示桌子的数量，你知道x张桌子有多少条腿吗？又该怎样表示呢？

……

师：（边说边竖起大拇指）一个简单的"$4 \times x$"，竟然能表达如此丰富的内容啊。

生：（齐）"$4 \times x$"了不起！

……

[赏析：一个个情境、一个个生活的小故事让学生体会到"$4 \times x$"既可以表示x个正方形的总边数，也可以表示x只小狗的总腿数，还可以表示x辆小汽车车轮子的总数。从具体到抽象，儿童初步体会到符号的简洁性和概括性，"用字母表示数"可以表示这一类事件的共同规律，体现一般性。]

2. 在练习中理解

师：大家一起来唱数青蛙的儿歌吧。（众生拍手，有节奏地唱）

1 只青蛙，1 张嘴，2 只眼睛，4 条腿；

2 只青蛙，2 张嘴，4 只眼睛，8 条腿；

3 只青蛙，3 张嘴，6 只眼睛，12 条腿；

4 只青蛙，4 张嘴，8 只眼睛，16 条腿；

5 只青蛙，5 张嘴，10 只眼睛，20 条腿……

学生自言自语地说个没完。终于有人喊道："又受不了了！太多了！"

学生们表示可以用字母进行概括。吴老师有选择性地在屏幕上展示学生的作品：

生 1：(n) 只青蛙 (n) 张嘴，(n) 只眼睛，(n) 条腿。

生 2：(n) 只青蛙 (n) 张嘴，(b) 只眼睛，(c) 条腿。

生 3：(a) 只青蛙 (a) 张嘴，$(2 \times a)$ 只眼睛，$(4 \times a)$ 条腿。

看着这三种不同的表达方式，学生积极地进行评价，并说出理由。

下课的铃声响起……

[赏析："用字母表示数"看似简单、平淡，但儿童从"具体的数和算式"过渡到"含有字母的式子"的理解与运用，是他们数学认知上的一次飞跃。教学中正是抓住了学生思维的生长点，不断追问，不断地引导儿童从经验入手，从具体数量的研究，转向抽象关系的研究与表达，"符号意识"在这里孕育。儿童在探索的过程中享受着成功的喜悦，感受着数学的价值。]

评　析

吴老师多年来已形成一种独特的人本数学的教学风格——教得有感觉，学得有意义，创造儿童喜欢的课堂，朝向儿童发展的数学教学。《用字母表示数》一课体现了吴老师的数学教学追求与特质：重视儿童的数学交流、重视儿童的数学元认知、重视儿童的数学表征。

一、重视儿童的数学交流，培养学生的数学思维与深度理解能力

让学生的思维看得见摸得着的一种重要方法就是数学交流——学生和老

师积极讨论他们是如何着手处理各种问题的以及为什么这样做，可以帮助课堂上的每个人理解某一特定的概念或方法。这节课吴老师特别关照学生数学思维的发展，选择和使用能出现有意义交流的数学活动，促进学生深层次的理解和认知。

学生并不是天生就会讨论数学，教师需要帮助他们学会如何交流。首先要提供能促进学生分享观点、激发学生数学思维的问题和资源。吴老师设计了关于年龄、青蛙的数学活动，但数学交流能否促进学生进行深层次理解和认知，教师的介入非常关键。吴老师的介入是有效抽样学生表达的结果，并且把抽样出的学生想法按一定次序呈现出来。其目的是使学生能"清楚连贯地与同伴、教师交流他们的数学思维，分析和评价他人的数学思维和策略，用数学语言精确地表达数学观点"。进而帮助学生体会到数学符号是进行数学理解、交流和分析的工具，体会运用字母表示数的概括作用，在具体情境中初步感受字母的取值范围。在进一步的数学交流中，学生体会到字母不仅可以表示任意数（当然在具体问题中有时有一定的限制条件），还可以表示一种关系，使用符号可以进行一般性的运算和推理。用字母表示数，实现了数的一般化，用字母符号表示关系，实现了数学关系的一般化。数学的发展史决定了数学教育也必然经历一个逐渐符号化的过程，吴老师就是通过问题解决过程中的数学交流让学生获得符号意识的体验。

学生是学习的主体，教学要以学生承担学习责任为指引。吴老师积极创设一种相互信任、相互尊重的课堂气氛，支持学生为数学学习而承担责任。学生在学习过程中要面对挑战，逐渐增加责任感，积极参加课堂讨论并进行相互间的交流，尽管参与课堂讨论并非易事，但吴老师一直在鼓励和引导学生倾听、理解、询问和解释自己和他人的观点。通过这样的讨论，学生明晰了用字母表示数的简洁性，用字母符号可以表达数量与关系。吴老师在教学过程中的鹰架角色，给学生提供滋养探索、推理、逻辑分析、抽象概括能力的课堂环境，让学生更主动地承担学习责任，体现了数学本身所具有的应用性功能。

二、重视儿童的数学元认知，培养学生学习的监控与调节能力

美国教育家加罗弗罗指出："如果我们希望学生成为数学的主动学习者

和行动者，而不仅仅是对数学事实和步骤的了解者，那么我们必须设计好教学，使之有助于发展学生的元认知。"吴老师是具有元认知意识与能力的数学教师，不仅对教什么、怎么教心中有数，对学生的学习过程能够积极地作出计划和调控，使学生的学习过程不断得以优化，同时还能为学生元认知能力的形成和发展提供有效的指导和示范。吴老师的课堂是支持元认知的教学，能给学生提供元认知体验，发展学生的元认知意识。

一是让学生清晰地了解数学学习任务，监控元认知方向。数学教学中的思维监控非常重要，这种监控是由教师的主导意识和学生的自控意识双向构成的，教师的主导意识必须唤起学生内在的自控意识（元认知意识），才能取得良好的教学效果。吴老师上课伊始就在黑板上写出课题，让学生清晰地了解学习任务，进入监控自己认知学习方向的状态，有目标意识。

二是帮助学生反思他们的表达内容，调节元认知策略。关于元认知的研究表明，为了达到最佳的学习效果，需要采用额外的教学步骤——帮助学生反思他们的做法，调节元认知策略和培养学生的自我监控意识。吴老师在这节课中，无论是用字母表示年龄，还是用字母表示青蛙嘴、眼睛、腿的数量，都设计了让学生反思他们表达内容的讨论环节，极大地促进学生对自己的学习进行评价，不断修改原来的思维方法和认知策略，从其他角度对自己认知的途径和结果重新审视和思考。

三是帮助学生学会富有成效地互动，促进元认知体验。课堂上所有互动的目的都是为了提高每个学生的思维水平，因此老师要让学生有机会去解释。吴老师从提出问题到问题解决都在促进学生元认知的体验，这节课解决的三个问题，都体现帮助学生学会富有成效地互动，提升元认知体验。

表面看这节课非常简单朴素，但却关注了学生学会提出相关问题和评价学习结果的能力，关注了学生学习中的自我评价、自我监控的意识和习惯，关注了学生之间、师生之间数学元认知知识的共享，因此课堂朴素背后实现的是培养学生的数学思维品质，发展学生的元认知能力。

三、重视儿童的数学表征，培养学生的概括与抽象能力

表征既是数学的一部分又是理解数学的一个教学手段。数学表征有助于学生理解概念、关系或关联，以及解决问题过程中所使用的数学知识。吴老

师重视学生的数学表征，基于所学内容运用情境、符号与言语的形式进行表征，帮助孩子达成对数学知识的理解、与他人沟通以及推理的目的，着眼于学生的概括与抽象能力培养。

一是把学生的数学表征当作数学学习活动的重要资源，利用学生的各种表征组织交流，从不同的视角促进学生对数学的理解。吴老师抽样出学生的数学表征有文字形式的表征，也有抽象符号形式的表征，使学生体会到同一个情境，有多种不同形式的表征，同时帮助学生进一步思考较佳的表征是什么，赋予静态的数学知识以丰富直观的背景与意义，理解字母符号表征所能够传达的抽象信息。

二是帮助学生在真实情境与抽象形式之间建立联结。任何符号的引进都需经过"符号初步意义的获得、符号成为沟通工具、符号成为解题工具"三个阶段。从吴老师的课堂中可以发现，在符号初步意义的获得阶段吴老师侧重引发学生通过年龄这个真实的情境与字母对应，在符号成为沟通工具阶段吴老师侧重让学生用共识的字母记录出来，在理解了用字母表示数的意义后，再让学生用字母符号来解决青蛙的数量问题。在这个过程中，吴老师不断引导学生察觉情境中的数学要素，用数学的简洁语言进行抽象表达。

（东北师范大学　孙兴华）

课堂花絮

"您怎么知道我的知道？"

我曾经上过《用字母表示数》这节课，幸运的是吴老师参与其中。课堂教学部分结束之后，吴老师面带微笑地走到学生面前，面对课堂上出现的一个瞬间进行了追问：

师：n 只青蛙，n 张嘴，n 只眼睛，n 条腿，可不可以？

生：不行，因为青蛙的眼睛总是青蛙只数的 2 倍，腿是只数的 4 倍。

师：可不可以这样想，表示青蛙只数时 n 就是 1，表示眼睛时 n 就是 2……

生：不行！

师：怎么就不行了？n 可以代表任意的数，怎么到吴老师这儿就不行了？我就想表示青蛙只数时 n 就是 1，表示眼睛时 n 就是 2，表示腿时 n 就是 4。

此时，课上写"n 只青蛙，n 张嘴，n 只眼睛，n 条腿"的男生不断地点头，似乎在表示终于有人理解了他的想法，只见他紧锁的眉头渐渐舒展开了！而我的心一下子提到了嗓子眼儿：糟了，我没给这名男生解释的机会，原来他是这么想的！他把字母具有概括能力用在这了。我恍然大悟。

生：这样不行，应该让大家都知道才行。

师：怎样才能让别人知道字母表达的意思是什么？

生：数量关系要表达清楚，才能让别人知道。

师：大家理解的意思一致时，交流才方便！不能是你的你知道，我的我知道，要让大家都知道。数学无国界，这样的式子无论是黑皮肤、白皮肤还是黄皮肤的人都能知道。

为什么吴老师就知道学生的"想法"，而我却没能准确理解、知道学生的"知道"？吴老师对学生进行的课后访谈，深深触动了我。

下课后，得到吴老师理解的男生，欣喜地走到吴老师面前，高兴地问道："您怎么知道我的知道？……"看看这名男生在吴老师面前高兴的样子，回想我上课时的眉头紧锁，我暗下决心：一定要做"知道学生的知道"的教师！做到这一点，自己还有很长的路要走，但我会始终坚持朝这个目标努力迈进！

（北京第二实验小学　张继青）

14 会讲故事的方程

——《方程的认识》课例 [①]

一、借助天平，记录数量关系

上课了，吴老师带领孩子们进入今天的主题——方程，板书旁边小小的"？"彰显着吴老师对孩子的了解，他们是有疑问的。果不其然，"什么是方程？""方程是怎么表达的？""方程与算式有什么区别？""学习方程有什么用？"……一个个小问题、真问题应运而生。随着问题的不断深入，吴老师用坚定的表情让学生感受到他们的问题有价值，值得研究。

接着吴老师指着黑板上的天平说："这个大家都认识吧？当天平左右两边质量相等了，天平成什么样子？"学生异口同声地说："平了。"一个小男孩甚至不自觉地用手比画出天平平了的样子，吴老师捕捉到了孩子的体态语言，鼓励其他的孩子像他学习。紧接着吴老师追问："如果这边重呢？那边重呢？"孩子们跟随着吴老师也用手比画起来。然后不同的问题情境接踵而来，左边是一个 50 克的砝码和一个 30 克的砝码，右边是一个 30 克的砝码和一个核桃……在吴老师的不断提问中，学生们边想象天平的状态，边用算式记录左右两边的关系。这时候吴老师放慢速度，仔细地倾听学生的答案，并让一个小男生记录后将作品展现在黑板上。

吴老师层层深入，不断变化，充分利用黑板上的实物，将一个 300 克的砝码放在天平右边，边放边故作思考状地问大家："要想使天平左右两边平

---

① 课例整理：刘明洋　李朝霞　房春燕

衡，应该取什么物品放在左边就行了？"这样的问题对孩子们来讲还是比较简单的，略加思索后孩子们就找到了 120 克的苹果和 180 克的香蕉，并把它们一起放到了天平的左边。随着孩子们的回答、操作，吴老师始终关注着天平的状态。"平了吗？这个现象你们能用数学语言表示出来吗？"问题不仅体现出浓浓的数学味，还一下子聚焦到算式上，为后面的算式分类作好铺垫。当 120+180=300 这个算式出现后，吴老师继续发问："如果我把 120 克的苹果取下来，天平会发生什么变化？""肯定斜了。""那我把这个不知道多重的苹果放上去，要怎么表示呢？"前面学习了用字母表示数，孩子们立刻想到了可以用字母 x 表示这个不知道重量的苹果的克数。"同学们，这个苹果放进去之后，天平会出现什么情况呢？"几个连续的小问题，几个连续的小动作，孩子们脑子里的天平也在左右摇摆着，学习就在这样的动态中发生着。这时，吴老师并没有急于让孩子们表达，而是引导他们把情况考虑全面，记录所有的算式。不一会儿，孩子们就顺利地写出三种关系。

$180+x<300$ $\qquad$ $180+x=300$ $\qquad$ $180+x>300$

接着情况又发生了变化。只见吴老师把 180 克的香蕉取下，同时换上三个质量相等的苹果，天平左右两边又平衡了，见此，有个声音在课堂上响起："$x+x+x=300$，也就是 $3x=300$。"

[赏析：美国学者巴拉布与达菲指出："教师的工作是通过向学生问他们应当自己问自己的问题来对学习和问题解决进行指导。"即"学生问，教师帮，学生答"的状态。课伊始，吴老师开门见山，直接板书"方程"二字，然后让学生思考文字背后所承载的内涵，提出想了解的问题，并引领学生将问题聚焦，让学生带着问题进入本课的学习。同时，吴老师将重心由"静态"的定义转向了"动态"的建构，利用直观材料调动学生学习的兴趣，孕伏着概念的本质，细节处彰显了吴老师的教育教学观。]

二、分类对比，提取等量关系

活动进行到此，吴老师望着"凌乱"的黑板，看着台下的学生，加强语气说道:"那么黑板上这么多的算式乱糟糟的,你们说该到了什么时候呢?""分类。"孩子们不假思索地回答着,从中我们可以感受到学生是真的有这样的需求。"就听你们的。"吴老师坚定地表示支持。随后问题又来了:"这么多的算式,该怎么分类呢?"其实我们都明白就是让孩子们确定分类标准,但是吴老师这样一问,立刻把活动聚焦在寻找算式特点上,为揭露方程的概念作好前期准备。因为孩子们经历了前面的学习过程,很快就将算式从关系的角度进行了分类。相等的为一类,不相等的为一类。吴老师仍然是紧紧抓住天平是否平衡帮助学生进一步理解分类的标准。随着孩子们自己动手将黑板上的算式分成两大类后,吴老师揭示"等式""不等式"的概念。在学生观察完所有的等式后,吴老师启发他们:"这些等式跟儿时学的有什么不一样吗?"在对比中学生又将等式分成含有未知数的等式和全是数字的等式。分类到此,学生继续观察,又将感到疑惑的含有图形的等式挑了出来,即 30+ □ =50。吴老师在此并没有急于解释,而是尊重孩子的意见将其放一放,继续带着他们圈画等式,并揭开这些等式的面纱,告诉大家这就叫方程。

[赏析:分类思想是一种基本的数学思想,它是指根据数学对象本质属性的相同点与不同点,将其分成几个不同种类的一种数学思想。利用分类思想,可以将繁杂的知识系统化、条理化,有助于对概念的概括与理解。课上,吴老师带领学生借助天平得到了一系列的式子,并在此基础上,引领学生根据天平的平衡与不平衡的特点将这些式子分类,随着这些式子被越来越细化地分类,方程概念的内涵意义也就越来越丰富、清晰。]

三、交流辨别,揭示未知数

随后回到课伊始时孩子们的疑问:"什么是方程?"吴老师让孩子们用自己的方式表达。短暂的沉默后,"含有字母的式子""含有未知数的式子""要有等于的式子"……各种表达此起彼伏。孩子们总结归纳方程概念时难免会流于形式或者片面。"不急不急,你同意他的说法吗?"吴老师耐心地引导孩子们剥离着方程的外衣,凸显它的本质。

孩子们就在你一言我一语的争辩中，感受到"未知数""等式"这两个缺一不可的特点，方程的概念逐渐明晰。

此时吴老师将孩子们最初疑惑的算式 30+□=50 拿了出来，引发学生的对话：

生：什么是方程？

生：含有未知数的等式叫方程。

生：这里边有没有未知数？

生：有。

生：它是不是等式？

生：是。

生：既然它又含有未知数，又是等式，难道它不是方程吗？

生：应该算是吧。

虽说有的孩子被问得无言以对，但是对未知数与图形还是建立不了联系。吴老师看出孩子们的勉强，语重心长地肯定道："孩子们，这真的是方程，一年级的时候就和你们见过面了。"随后，与已有的认知经验勾连，并形象地用"外衣"来刻画字母、图形、文字，揭示"未知数"的本质，使孩子们对方程的表现形式有了更为全面的认识。为了掌握孩子们是不是真的理解了，吴老师安排了方程的辨别环节，在说明理由、相互争辩的过程中，方程的概念被逐步内化，活动越来越顺畅，孩子们的思路越来越清晰。

［赏析：从以往的教学中我们发现学生往往片面地认为含有字母的等式才是方程。于是，找字母、找等号成了学生判断方程的唯一标准。吴老师创设丰富的学习情境，打破学生片面的、错误的认知，巧妙地把方程与现实联系起来，通过"外衣"这一诙谐幽默的词语，进一步加深学生对方程的理解。］

四、借助情境，让未知变已知

活动结束后，吴老师走向黑板，赞扬天平帮助大家认识了方程的同时，有意地将黑板上的天平拿了下来，边拿边说："看得见、摸得着的天平已经被我收起来了，我不知道你们心中的天平在哪呢？"众生拍着胸口示意在心里，一个学生摊开双手，把天平"拿出来了"。带着心中的天平，师生一起观察屏幕上的图。看了一会儿，孩子们有意识地伸出手臂摆出了自己的天平，思考片刻后便开始写。吴老师让一个女生说出 $4x=380$ 的答案后，立刻示意旁边的同学提出问题，生生间的对话又一次在吴老师的引领下开始了。

380克

接着，屏幕上又出现了一幅图，吴老师问道："这里面有天平吗？"学生们都说有。吴老师热情地摊开手让学生们把自己的天平都放出来。"左边有2000毫升水，右边没有水，天平会怎么样？"吴老师和学生们的天平一起歪向了左边。吴老师来加水："哗！我倒了一暖壶。"学生们向右起来了一点。"我再倒，哗！两暖壶。"学生们又起来了一些。一个小女生告诉大家还差一点点："我再给你们一点点，200毫升。"大家都摆平了双手，摆平了心中的天平。

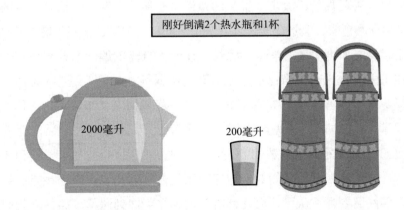

刚好倒满2个热水瓶和1杯

2000毫升

200毫升

随后，吴老师给同学们讲述了一个数学家所讲的小故事：有一条小河，河对岸有一颗宝石，是未知数宝石，河岸这边就是已知条件，以前我们是利用已知条件渡过小河得到宝石，而方程是先把宝石当成一个已知量，运过来和其他已知条件构成一个等式。

[赏析：在初步感知方程之后，吴老师出示月饼、热水壶情境题，让学生将情境中的关系用一个式子表达出来，使学生经历由具体问题抽象出数量关系的过程，初步构建方程模型。吴老师充分利用心中的天平引导学生将式子平衡，并通过宝石的小故事有意将算术思维的等式与方程等式进行对比，让学生体会二者思维方式的不同。在建构与对比的过程中，学生逐步感受着方程的本质意义。]

五、自编方程，让它讲故事

课上到此，大家已经感觉到孩子们对方程的认识又近了一步，但是吴老师并没有就此停止，而是继续带着孩子们深入走近方程。只见吴老师在黑板上写下了 30+x=100 这个方程，让学生讲故事。在吴老师热情的鼓励下，一个男生来到黑板前绘声绘色地讲述起来："一个卖东西的老奶奶，先卖了一筐苹果，卖了 30 块钱，又卖掉一些鱼，卖了 x 元，老奶奶一共赚到 100 元，她开心地回家了。"会场里一片笑声。吴老师引导孩子说出"我想知道卖鱼的钱是多少"，为后面学生完整编故事打了样。紧接着孩子们依托算式生动地讲起买苹果、买玩具的小故事，稚嫩的童声，有趣的讲解，给枯燥冰冷的算式增添了生命和色彩，会场内笑声此起彼伏。幽默、和谐，而不失数学味儿。

此时吴老师再次拓宽学生的思维，让学生自己创编一个方程故事。一个小男孩走上讲台先写下自己心中的方程：6+ x =10。没等吴老师说话，小男孩就开始讲了："今天老师布置了 6 项作业，妈妈回家又布置了 x 项作业，我一共写了 10 项作业，妈妈给我留了几项作业？"话音刚落，吴老师就同情地说道："你好倒霉呀，这样可不行，还不把你给累坏了。"孩子们和老师们都笑了，但是笑声过后我们真实地感受到吴老师的儿童观流露在点滴处，虽说这个事件吴老师不认可，但是此时吴老师立刻回到课堂，抓住方程间的数量关系，加以肯定。学生的热情更高了，小手举得高高的，都急切地想要表达自己心中的方程故事。吴老师示意大家不再讲了："方程的故事讲也讲不完，方程的故事该去哪里找呢？"孩子们高声回答："生活中！"

[赏析：弗赖登塔尔认为，教一个内容的最佳途径是联系学生的数学现实和生活现实，在将要传授的知识和学生在现实世界中积累的或是已经学过的知识之间建立起紧密的联系。吴老师通过讲故事，讲"相等的故事""未知的故事"，给学生的思维插上了想象的翅膀，创设了一个个丰富的学习情境，让抽象的方程与生活建立联系，把方程思想和建模过程完美地融合起来。]

六、回顾反思，引发新思考

快下课了，吴老师强调学习最后的环节也是关键处，即回头看，又再一次提到"什么是方程？"吴老师借助板书和教具，一步步地带领着孩子们从最初的记录关系，到分类整理，再到辨别算式，创编故事，重温着在课堂上的所有经历，找到了探究的线索和思考方向。此时本以为要下课了，但是吴老师却话锋一转："还有问题吗？"这就是吴老师的课堂，问题不断，处处思考。"怎么解方程？""方程还有别的名字吗？""方程还有什么用？"一个个新的问题产生了，孩子们的探究欲望就这样又被点燃了。

[赏析：吴老师的课堂总是在问题中进入，也总是在思索中结束，没有哪节课可以说上完了，时间是固定的，但是孩子们的思绪是流动的，每一次我们都会为孩子天马行空的猜想所感动，而这一切都源于吴老师扎实的教学功底和巧妙的引导。]

[评　析]

概念性知识的数学课要上得"直截了当"

吴老师的数学课堂将儿童与数学建立起最生动的联系，我们常说，吴老师最懂儿童，最懂数学，尤其最懂儿童数学。大家都说吴老师是一个性格直爽的人，从她的数学课上也可以体会到这一点，听吴老师的数学课会让人觉得很"过瘾"，她的设计、语言、课堂评价等都是那么直接而真切。有幸聆听了吴老师《方程的认识》一课，有几点体会与大家分享。

一、直奔主题

直爽的性格体现在吴老师上课不拐弯抹角。《方程的认识》一开课，吴老师就把"方程"二字板书在黑板上，可以说直奔本课的主题，包括之前听到的吴老师《比的认识》一课亦是如此，很大的"比"字占据黑板的中央。方程是什么？为什么要学方程？学方程有什么用？一上来就让学生明确本节课的目标是什么，带着明确的任务，再通过参与课堂活动——破解谜题。

近些年，无论是建构主义还是认知学说，都提倡学生的学习行为应通过探究活动，逐步地形成知识的结构，把握知识的本质，体会知识的内涵。在这种观点的影响下，常常会看到这样的课堂：教师就像是和学生捉迷藏一样，学生也不知每一活动的目的是什么，只是按照老师的要求一步一步完成，而老师是在最后时刻总结时才揭示课题。这样的形式在某类数学课上使用会达到很好的效果，但是对于像方程、百分数、比的认识等概念性知识的学习，最好的方式则是让学习者带着明确的目标投入学习中，再通过一系列有清晰指向性的探究活动来抽象出数学概念。

二、直面问题

直爽的性格体现在不回避问题。为什么要学方程？方程和以前的算术方法有什么区别？为什么很多时候学生不会列方程，甚至根本不愿意用方程？……这些都是学生学习方程时的问题，之所以有这些状况存在，根本原因就在于从学生第一次接触方程时这些问题就没有得到真正而彻底的解决。吴老师在思考这节课时，首先做到对这些问题心中有数，直面学生的每个困难，细致而耐心地逐一突破。四次问到"什么是方程"，看似问题一样，实际每一次问的背后都有着不同的目的，每一个环节都是一次认识的提升，"含有未知数的等式叫作方程"这一定义其实并不是最重要的，一步步的解惑才是关键。

三、直抓本质

直爽的性格还表现在不浮于表面。吴老师善于抓住知识的本质，挖掘数学知识深层次的内涵，思考知识间的联系。吴老师课上常说的一句话是："在没有××的日子里，我们都过得挺好的，今天为什么要学它？"就如方程这节课也如此，在没有方程的日子里，我们解决问题都不错，干吗要学方程？既然要学方程，它就一定有过人之处，这就是在引导学生思考知识的本质。方程的本质是什么？方程是描述现实世界中的等量关系，因此说"等号"是核心，从另一个角度来说，方程是建立某种未知事物与已知事物相等关系的模型，由此说来"模型"是关键。

吴老师的这节课，天平这一学具贯穿始终，以最直观的形式让学生体会等量关系的存在，在确定等量关系的同时，将生活问题通过建立数学模型转化为数学问题，特别是为了帮助学生体会这种模型，"讲故事"这一环节就显得非常有价值和意义。师生互动、生生交流等一系列学习活动都围绕本质而展开。

（北京航空航天大学实验学校小学部　李兰瑛

北京市海淀区中关村第二小学　尚国兴）

课堂花絮

最熟悉的"陌生人"

上课伊始，吴老师开门见山："同学们，今天我们一起来研究一个问题——方程，对于方程你们有什么想问的吗？"学生们纷纷提出了自己的疑惑，的确，方程这个概念学生第一次听说，有的孩子甚至天马行空地发表了自己对方程的猜测，纷纷表示并没有见过形如 $x+30=50$ 这样的等式。吴老师从最基本的数量关系入手，借助直观的天平与实物，发挥学生的想象力，通过对算式分类，总结特点，一步一步揭示了方程的概念。可是面对"$30+\square=50$"是否是方程时，班上却出现了两种不同的声音，吴老师见此情形，并没有亲自解释，而是让学生展开对话："什么是方程？""这里边有没有未知数？""它是不是等式？""既然它又含有未知数，又是等式，难道它不是方程吗？"学生通过一连串的提问，让不认可该算式是方程的同学竟无言以对，此时无声胜有声，最后孩子那略带羞涩又恍然大悟的笑，让我们知道他懂了。

当所有人都沉浸在孩子激烈的讨论中，以为吴老师就此停止时，她却语重心长地说："孩子们，这真的是方程，一年级的时候就和你们见过面了。"一句话瞬间使孩子把现在所学与先前所见进行对接，揭开方程的"神秘"面纱。

看似抽象的概念，在生生的讨论中，在老师由浅入深的设计中，在学生自我的感悟中，在调动原有认知中渐渐清晰明了，原来方程就是那个我们最熟悉的"陌生人"！

（首都师范大学附属顺义实验小学　李朝霞）

15 "浅入深出"让"比"平易近人

——《比的认识》课例 ①

一、引入"比"，提出问题

伴着上课的铃声，吴老师走上讲台："今天这节课我们一起聊一聊和比有关的话题。"随后板书"比"，接着问："你们知道比是什么吗？"听到这个问题，同学们默不作声，都在静静地思考。

"在过去的生活和学习中，你听说过比吗？'比'在你们的心中，是什么样子呢？"

"足球比赛中就有比，2比1。"

"我在'金龙鱼'的广告里听到过1：1：1。"

"我喝糖水也有比，1份糖和8份水就是1：8。"

吴老师请他们将自己说的比记录在黑板上。就这样，学生从生活经验起步，慢慢地展开对"比"的内涵的层层探析。

吴老师追问："关于'比'，有没有什么问题要提出来的？"学生思考片刻之后，有几只小手悄悄地举了起来："比在生活中有什么用处？"吴老师及时肯定："问得多好啊！在没有比的日子里咱们过得挺好的，今天'比'来了，到底能给我们什么帮助？"同学们都纷纷点头。"要想知道比能给我们什么帮助，我们先得了解什么是比。今天这节课，我们就从对'比'的认

———————————

① 课例整理：于萍　王伟

识开始。"

[赏析：吴老师开门见山，揭示课题，让学生迅速投入到本课所要研究的话题之中。教师还非常注重了解学生的已有基础，并充分调动学生的生活经验，"足球比赛""金龙鱼"既拉近了教师和学生的距离，也拉近了学生和"比"的距离，让学生对这节课的学习不畏惧、有期待。]

二、认识"比"，感受意义

1. "比"与关系

吴老师："咱们就以沏糖水 $1:8$ 为例来讨论吧。这件事你看懂了吗？"

同学们纷纷点头表示听懂了，还有一位学生说："我觉得，就是把糖看成 1 份，水就是这样的 8 份。"吴老师顺势追问："这正是糖和水的什么？"该生答道："对比！"

吴老师顺应着学生的理解说："好！你认为叫对比，也很好。我们先来记录一下。"（板书：$1:8$）

面对学生的每一个困惑，吴老师从不着急，总是站在儿童的视角，用儿童能理解的方式，帮助学生在生活经验与数学知识之间架起桥梁。就这样，学生渐渐地走近了"比"，"比"并不遥远。

吴老师继续追问："如果我们取 10 克的糖，应该配多少水呢？"学生异口同声答："80 克水！"

"假如是 20 克的糖，配多少水？"

"160 克水！"

"这次请你们自己配。"

"30 克糖，配 240 克水。"

"40 克糖，就要配 320 克水。"

"80 克糖，就配 640 克的水。"

随着学生举例，教师将一组组数据在黑板上对应着 $1:8$ 写了下来。就在学生初步感受到规律，并能够一组组地举例时，吴老师话锋一转，说："就这样配下去，如果想成批量地生产这样的糖水，我们还可以配很多很多……刚才在配糖水的过程中，你们发现点儿什么吗？跟大家说一说！"

学生陷入了静静的思考中，慢慢地，有人举起了手。

"我发现，不管怎么配，水的质量永远都是糖的 8 倍。"

吴老师："这个同学说出了一个词，叫'倍'！"（板书：倍）

"我们还可以把糖的质量看成 1 份，水的质量也就是 8 份！"（师板书：份）

吴老师问："1 份和 8 份，这也是我们原来非常熟悉的，反过来说，糖占水的多少呢？"学生齐答道："八分之一。""我们也可以用分数来表示这个关系。"（板书：分数）

倍—份—分数

吴老师和学生就这样聊着聊着便找到了比与倍、份数和分数之间的关系。这时老师说："除了从份的角度、倍的角度、分数的角度，今天我们又多了一个表示关系的角度——比。同学们体会得非常好，比和旧知识是有联系的。"

［赏析：教师的一句"比和旧知识是有联系的"一下就拉近了学生和"比"的距离，也增进了学生对新知识的熟悉感。吴老师激发学生结合实例说出自己对比的理解，让学生感受到"比"并不陌生，"比"也并不神秘，它和生活有联系，和学过的知识也有联系。］

此时，吴老师再次话锋一转，问道："既然有了倍，有了份，有了分数，为什么还要学习比呀？"吴老师的问题一下点醒了许多学生，大家若有所思地频频点头，但又一时无以应答。吴老师读懂了学生的心思，继续说道："这事儿不急，我们带着问题继续来研究好不好？看看倍啊，份啊，分数啊，它们无能为力的时候，'比'有没有独到之处呢？"学生期待着。

2."比"与规律

吴老师引导学生观察这一组数，在"变与不变"的现象中，发现变化的规律，渗透函数思想。

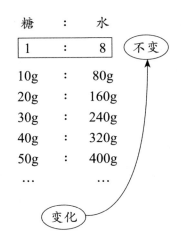

很快学生感受到，每次不同的配比，糖的质量和水的质量都在不断地变化，但总有不变的，就是两个量之间的倍数关系。

生：1∶8"管着"糖和水之间的关系，使得每次配出的糖水都是一样的。

生：不管是少配一点儿，还是配很多，都可以！这种变化是有规律的。

师：（追问）是什么规律呢？

生：糖扩大2倍，水也跟着扩大2倍；糖扩大3倍，水也跟着扩大3倍；糖扩大4倍，水也跟着扩大4倍。

生：也就是说糖扩大几倍，水也跟着扩大几倍。

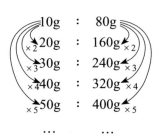

此时，吴老师自然地提起了足球比赛的事："上课时你们说足球比赛里有2∶1。按照'比'里这两个数量变化的规律，足球比赛结果是2∶1，如果甲队进了4个球，乙队得进2个，甲队进8个球，乙队得进4个……比赛中有这样的事吗？"

"没有。"

吴老师解释说："是的,这不合常理。它跟今天的'比'确实不大相同,比分只不过是进球数量的记录而已。"

对话中,同学们对概念的理解渐渐地从表面走向深入,从零散地看数据变为联系起来看数据,从只关注数量变为关注规律……从简单的情境中,慢慢体会着"比"的深刻内涵。

3."比"与顺序

当学生对"比"有了较为深入的理解和感悟后,吴老师继续追问:"糖和水的比是1:8,我说水和糖的比也是1:8。你同意吗?"

一个小姑娘大声地喊出:"同意!"

吴老师将她请到台前,问道:"你认为可以,问问同学们,看看他们干不干。"很多同学迫不及待地喊:"不干,不干!"

一个学生站起来解释:"糖是1份,水是8份。如果按你说的水是1份,糖是8份,就不对了。"

听到他的解释,很多学生都笑了起来。吴老师关切地问那个小姑娘:"你听懂了吗?"小姑娘笑着回答:"懂了,先说水的话,水和糖的比就得是8:1。"

吴老师说:"你看,错着错着就对了,聊着聊着就会了。"吴老师一边介绍比的各部分名称,一边板书:

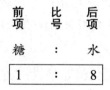

"比还是挺讲究的,在叙述的时候一定要讲顺序。"

[赏析:在"调配糖水"的过程中,引领学生研究一个具体的比。并以问题串推进课堂对话,帮助学生沟通"比"与"倍""分数"和"份"的联系,通过"变与不变"的现象,感受比是有规律的,比的表达是有顺序的,进而初步理解比的数学本质。]

三、寻找生活中的"比"，加深对比的理解

吴老师说："像这样的比，在生活中有吗？请同学们在小组里商量一下，举例解释。"同学们分组展开了交流。不一会儿，就有了丰富而精彩的汇报：

第一组：我的小弟弟要喝奶，沏奶时奶粉和水的比是 1∶5。

师：(追问) 如果小弟弟想喝得稠一点儿怎么办？

生：可以 1 份粉，4 份水，就是 1∶4。

师：小弟弟想喝得再稀一点儿怎么办？

生：可以 1 份粉，10 份水，就是 1∶10。

师：这个含奶量稠不稠，谁可以帮我们看出来呀？

生：比。

师：你们对比又有什么新感受？

生：比还能帮我们测量出奶浓不浓，淡不淡。

师：比还有什么功能？

生：(齐) 测量。

看得出，学生不仅对比有了准确认识，还能够灵活地应用了，体会着比的"度量"功能。

第二组：我们出国都要换钱，比如去泰国，我们中国人民币 1 块钱就换 5 泰铢。这里也有比，就是 1 元人民币比上 5 泰铢，1∶5。

第三组：我们讨论的是洗衣服时用洗衣粉，比如放 1 份洗衣粉，要放 2 份水。

听到这个小组的讨论结果，吴老师说："这里确实有比——1∶2。可是这样洗衣服，洗衣粉可太浓了，你还得再调整调整。"在吴老师的引导下学生说出了 1∶100、1∶200 等不同的比。不仅深入理解了比的含义，更感受到其合理性。

第四组：还有地图上也有比。比如，地图上 1 厘米相当于真实的 1000米，就是 1∶100000。

吴老师及时鼓励第四小组的同学："真好！你们很善于观察。地图，

就这么大的一张纸片，上面 1 厘米的距离就可以代表实际的 1000 米，甚至几万米……地图上的比还有一个特殊的名字呢，它叫比例尺。今后我们会学习到。"

[赏析：在研究了一个具体的比之后吴老师让学生再来举例，说说生活中哪些地方还有比，学生的思维一下就被激活了。学生深感比并不陌生，生活中随处可见，"比"很平易近人。用生活中熟悉的情境支撑对比的理解，反之，借助比更准确地分析和理解生活中的现象。在这个环节中，不仅拓展了学生对比的理解，更丰富了学生对比的认识。]

四、理解"比"，丰富意义

1. 在应用中深化感知

在拓展巩固的环节中，吴老师请同学们在生活情境中试着写出两个数量的比。

情境一：（出示图）哥哥身高 155 厘米，妹妹身高 1 米。

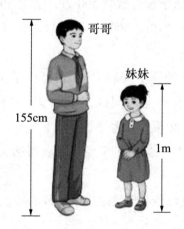

看懂图意后，学生板书写下了哥哥和妹妹的身高比：

生 1：155：1。

生 2：155：100。

吴老师首先请第一位同学介绍了自己的想法。

生1：哥哥身高155厘米，妹妹身高1米，所以是155∶1。嗯，不对！（生1说着说着，自己就意识到了问题，并接着说）1米等于100厘米，我要改成155∶100。

吴老师转身问大家："有问题吗？"

一位同学站起来问道："为什么呀？"

生1：因为这两个的单位不一样，155的单位是1厘米，1的单位是1米。

师：（追问）在写比的时候，首先要做什么？

生：统一单位。

师：的确，在确定一个比时，首先要构建一个比的标准，也就是要统一单位。如果在刚才的155∶1中，1不动了，你有办法吗？

刚才出错的那名同学自己在黑板上写下一个小数点，将比改成了"1.55∶1"，都改成以1米为单位的数。吴老师接着说："你们瞧，错着错着就对了，聊着聊着就会了。同学们课堂上不要怕出问题，吴老师也会出问题，聊着聊着，讨论讨论就清楚了。"

情境二：某县城一所学校有教师100人，学生3000人。这里有比吗？

学生在黑板上写下"100∶3000"和"1∶30"后，解释其含义：1∶30这是将比化简了。

吴老师为了让更多的同学理解"化简"，作了个形象的比喻："就是把100打包了，把100看作一份，同样，3000里有30个100，那就是30份，所以是1∶30。这个1∶30是什么意思呢？"

吴老师又一次把"球"抛给了学生。通过对话，学生理解："有30名学生就得配1位老师。"

吴老师接着问："假如吴老师就是这所学校的校长，看到下面的信息，你想对我说点儿什么吗？"

根据国家有关部门规定：

❖ 城市小学的师生比是1∶19；

❖ 县城小学的师生比是1∶21；

❖ 农村小学的师生比是 1∶23。

学生在短暂的阅读和思考之后，很快就有话想说了：

生：因为是县城小学，国家规定师生比是 1∶21，可是您的学校已经是 1∶30 了，学生太多了。

师：有什么建议给我吗？

生：我建议您应该把你们的学生人数再减少一点。

师：让我的学生走吧，别在我这儿上学了？这个建议我可不能接受啊！

生：我觉得可以多加些教师！（多数学生表示赞同）

师：为什么？

生：得按国家有关规定配老师。

师：真好，按规定办事。

吴老师在引导学生分析比的过程中，让学生感受着比就在生活中，体会到比的应用价值。

2. 在拓展中丰富认识

在前面的分析基础上，吴老师又出示了新的信息，请同学们继续尝试写比。

情境三：从北京到上海全程大约 1500 千米，共行驶了 5 小时。

学生先后在黑板上写下了两组比：1500∶5 和 300∶1。

师：这是什么意思？大家能读懂吗？

生：1500∶5 就是 5 小时走了 1500 千米，300∶1 就是指走了 1 个小时，走了 300 千米。

师：1500 千米除以 5 小时得到了速度。今天，我们可以将"1500÷5"写成"1500∶5"，看来比和除法是有关系的。在这个比中也反映出路程和时间之间的倍数关系。

有的学生点头表示赞同，也有的学生摇了摇头，认为不可以。质疑开始了。

生：老师，糖和水的比中有倍数关系，80 克是 10 克的 8 倍，可是在这个比中怎么能说路程是时间的 300 倍呢？它们不是一回事啊。

　　师：问得好。到底它们存不存在倍数关系呢？

　　生：有份数关系。我们也可以把 5 小时看成 5 份啊，这 5 份正好对应着 1500 千米这个大份的数。1 小时看成 1 份，1 份就正好对应着 300 千米这个小份的数。

　　师：(顺水推舟) 哎，原来在这里看到了 3 "份"。那么份与份有关系吗？你们把 1 小时看作 1 份，1 份对应着 300 千米这个小份的数；把 5 小时看作 5 份，5 份对应着 1500 千米这个大份的数。(吴老师有意用了孩子们自己说的 "份" 来解释)

　　吴老师一边说，一边板书：

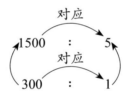

　　师：观察这组数据，你们发现了什么？

　　生：路程变了，时间变了。

　　师：什么始终没变呢？

　　生：每小时行驶的速度。

　　师：对，也就是 "1 小时对应着 300 米" 这样的关系不变。

五、课堂小结，谈对 "比" 的感受

　　吴老师请学生用关键词的方法记录对 "比" 的感受。随之，学生纷纷走到讲台前，写下了自己对比的理解并展开了交流：

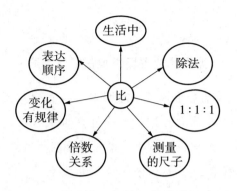

观点一：比是研究"倍数关系"的。

观点二：比的变化是有规律的，表达是有顺序的。

观点三：比跟除法有关系，8除以1可以写成8∶1。

观点四：比在生活中是有用的。

观点五：金龙鱼的比，也是我们研究中的比。

观点六：比是一把无形的尺子，它可以测量出两杯水中哪杯水甜，哪杯水淡。

观点七："比"不仅能量出两杯水谁甜谁不甜，还能量出谁快谁慢。它就像一个天秤，虽然看不见，但是能称出很多事儿呢。

……

在这节课上，同学们跟随着吴老师一起学着、错着、聊着，渐渐地丰富了对"比"的认识，也找到了比和旧知识之间的联系。

[赏析："比"在生活中的应用非常广泛，其内涵也非常丰富。如何帮助学生在一节课中不断深化认识？吴老师以"写一写、议一议"的方式，引导学生在生活情境中慢慢走近比、理解比、应用比。就在"聊着聊着就会了"和"错着错着就对了"的对话中，学生走近了平易近人的比，理解了内涵丰富的比。]

体现儿童主场，抓住数学本质

《比的认识》的教学对于很多一线教师而言是有难度的。一方面是由于比的内涵丰富，另一方面是因为学生的抽象水平有限。而在吴老师的课堂中，"比"却是平易近人的，是易于理解和易于应用的。

这节课有两大特点，一是充分体现了儿童立场，二是抓住了数学的本质。如果用一句话概括，就是儿童与数学的完美结合。吴老师抓住核心知识——比，引导学生经历数学学习的过程，发展数学思维，提升数学素养。

一、充分体现了儿童立场

具体谈四方面体会：

1. 充分尊重了儿童的学习经验

吴老师充分尊重儿童已有的生活经验。作为数学学习的基础，课一开始吴老师问学生在生活中是否听说过比。学生回答出来了生活中听到的一些比。此时，学生的有些回答可能是有误解的，实际上这正是学生真实的学习经验。以此为学习的起点，是非常有效的！从学生的生活经验出发，非常平易近人，这是吴老师课堂的第一个特点！

2. 充分尊重了儿童的学习机会

让学生在课堂上有充分的观察、思考、表达和创造的机会，让学生经历真实的知识展开的过程。课上，吴老师引导学生观察生活中的比，例如糖与水的例子。从 $1:8$，到 $10:80$，再到 $20:160$……在这组变化的基础上，老师问学生发现了什么，激发了学生进一步的思考。在学生思考的过程中，吴老师继续提出一个又一个的问题，激发学生一步又一步地往下思考。这个过程不仅把知识和经验建立了联系，而且把新的知识与旧的知识建立起了联系。由此构建了比较好的认知结构，与前面学习的倍的知识、分数的知识建立起很好的联系，这个过程值得赞赏！

3. 充分尊重了儿童的数学学习规律

吴老师曾对儿童的数学学习规律作过很好的总结，就是激疑和设疑，激发学生疑问的同时，在交流、讨论等互动过程中解释这些疑问。用吴老师经典的话来说就是"错着错着就对了，聊着聊着就会了！"不断地激疑，不断地与学生交流，不断地提出问题、解决问题，其实这个过程，正是对真实的解决问题过程的具体解读，我觉得是非常好的。

4.充分尊重了儿童的人格和个性

吴老师这节课每一个细节都体现了对学生的尊重、期待、关怀和鼓励，包括老师的每一个眼神，每一个动作。应该说，吴老师是俯下身来上课的，她跟儿童是平等的。有两个细节，一个是吴老师字写得有点高了，学生够不着，老师马上说："对不起，我应该写低一点。"老师的内心都是为学生着想的。另外一个细节是下课后学生离场的时候，吴老师一个一个与他们说再见，处处体现了对学生的人格尊重。这些都体现了吴老师独特的教学文化。

二、抓住了数学的本质

一节数学课怎么样抓住数学的本质，充分体现数学思想？这堂课做得也特别好。

课上吴老师将比看成是一种关系，这是非常重要的。$1:8$、$10:80$、$20:160$……这里糖和水的配比其实表达了一种倍数关系。在此基础上，老师不断拓展其范围，激发学生的疑问，举出了很多的例子。特别是路程与时间的例子，使学生又质疑了，到底是不是倍数关系呢？学生说出了一个非常精彩的词——份数，糖有几份，水有几份。而路程和时间其实也是有几份的对应关系，所以这就把学生的思路拓展了。

当"倍数"关系出现在不同类量之间时，就不是简单的倍数关系了，而是个份数的倍数关系。比如路程的份数跟时间的份数之间对应的关系。实际上，这就把比上升到一个抽象的层面了，那就是度量关系，不仅仅是单位量的关系。这其实就是"比"的本质。

比是一种关系，是一种倍数关系，但不是简单的倍数关系，而是份数之间的倍数关系。对于这点，吴老师抓住了数学本质，处理得非常好。本节课还非常注重体现数学思想。什么在变化，什么是不变的？数是在变的，但在变化的过程中有不变的，就是比，就是比值！这种从变化到不变的过程，很好地体现了函数思想。可见，函数思想在小学数学中是可以体现的，它也是非常重要的数学思想方法。从变化中看到不变其实就是培养学生的数学核心素养！

（华东师范大学教育科学学院教授、博士生导师　孔企平）

比像个"天秤"

为了帮助学生追求对数学概念的真理解，吴老师让同学们自己举生活中的例子来解释"比是什么"和"比有什么用"。

一位学生借助配糖水的例子来说明，比如有两杯糖水，都放了 1 份糖，第一杯里放了 10 份水，第二杯里放了 20 份水。这里就有比，1∶10 和 1∶20，它能比出这两杯水谁甜谁不甜。吴老师及时追问："比就好像什么呀？"

"我觉得比像一把尺子，能量出哪杯水更甜。"

另一位学生迫不及待地说："我觉得比不仅能比出两杯水谁甜谁不甜，还能比出两种交通工具谁快谁慢，哪所学校人多人少，等等。很多地方，都可以用比量出来。就像生活中量出哪个物体更重一样。"吴老师继续追问："那在你心里，比好像什么呀？"

"我觉得比像秤，一个'天秤'，虽然看不见，但是能称出很多事儿呢。"

好一个"天秤"！学生用自己的话不仅道出了对比的内涵的理解，也道出了对比的价值的感悟，更道出了比的概念的本质。

（北京小学　于萍）

16 在"做数学"中创造

——《圆的认识》课例 [①]

一、创设情境，提出问题

在新课的导入环节，屏幕上出现了三只小动物骑着不同形状车轮的自行车比赛的情境。在"加油！加油"的喊声中同学们饶有兴趣地猜测着谁是这轮比赛的金牌获得者。"小熊第一，他骑着圆形车轮的自行车跑得最快！""不，小猴子第一……""不，小鹿第一……"同学们各自陈述着自己的理由。就在不知不觉中，同学们对圆产生了兴趣。

吴老师抓住学生对圆的最原始的认识，进一步引导学生把知识向理性化、科学化升华。"车轮为什么要做成圆的，而不做成方的？"一位学生不假思索地说："圆形车轮没棱没角容易转动。"吴老师紧接着说："有点道理。可是，刚才你们看到的椭圆车轮也没棱没角，不便于滚动吗？""是啊。"学生再次陷入思考。吴老师笑着说："不急，不急，等我们研究了圆的知识，了解了圆，相信同学们会对这个问题有一个新的认识"。

［赏析：吴老师用充满童趣的情境、有趣的活动、巧妙的设疑，激发了学生追根求源的强烈好奇心，使学生自然而然地进入到新知的探究过程。］

---

① 课例整理：吴桂菊

二、做中学习，主动探究

新的研究开始了。吴老师引导学生利用手中的学具自主画圆、剪圆、折圆，在动手操作中探究圆的特点。

1. 做中体会特点

同学们从众多学具中挑出自己最喜欢的一个，开始尝试画圆，很快利用手中的工具画出大小不同的圆，有的学生用不同的圆面画了一个圆，还有的学生巧妙地利用绳子和笔画了一个圆……同学们在小组中交流着画圆的方法和体会。

通过画圆、剪圆，学生对圆的认识更丰富了，吴老师笑着鼓励学生用自己的语言描述此时心中的圆。

生：圆的边是弯的，剪的时候要弯弯地剪。

生：我画圆的时候发现圆是一条边围成的，它也是封闭的图形。

生：圆和过去学习的图形不一样，它的边是曲线围成的。

生：画圆的时候不管是用绳子，还是用圆规，它们叉开的一段距离是固定的，不能变化的，不然就画不圆了。

……

接着，吴老师引导学生把剪好的圆进行折叠，通过折叠出的折痕，逐步发现各自手中圆的特点，并逐渐抽象出圆心、直径、半径的概念。

2. 做中理解性质

随后，吴老师带领学生们一起深入体会直径和半径的性质。她设计了动手画直径、半径的学习活动并提出具体要求："请同学们在圆上画直径，能画几条就画几条。"学生们都迫不及待地拿起笔和尺子画了起来。10 秒钟很快过去了，学生们还有点不舍得停笔。

生：我画了 5 条直径。

生：我画了 6 条直径。

生：我画了 10 条直径。

……

吴老师笑着说："很好！再给你们 10 秒钟，你们还能画多少条？再给 10 秒钟呢……你们又能画多少条？"大家兴致勃勃地画着……

画着画着，同学们几乎异口同声地喊出："无数条！"吴老师充分肯定了同学们善于在活动中进行思考。

吴老师接着问："刚刚我们画了圆的直径，如果给你们 10 秒钟来画半径，又会怎样呢？"

很多同学们迅速拿起笔开始画，可刚刚画了两秒，一个学生便高声说："可以画无数条！"这时，全班同学恍然大悟，立刻跟着说："可以画无数条半径。"

吴老师问："这个结论你们确信吗？"

众生自信地齐答："确信！"

就这样，学生在画直径、半径的过程中，也可以说是在游戏中、比赛中，轻松地感悟到了圆有无数条直径、无数条半径。

3. 做中找关系

根据学生画出的直径、半径，吴老师又设计了学生动手测量直径、半径的活动。每人最少要量 3 条，可以两人合作，一人记录，一人测量。同学们很快测量完了。

生：我量了 3 条直径，每条都是 9 厘米。

生：我们也量了 3 条直径，每条都是 2 厘米。

生：我量了 4 条直径，每条都是 9.8 厘米。

这时，一个学生高高地举起小手说："我觉得每条直径都相等。"同学们异口同声地说："同意！"吴老师顺势把同学们测量的结果都写在黑板上。

吴老师指着板书说："刚才，同学们都同意圆的每条直径都相等。"边说边举起了两个大小悬殊较大的圆形纸片，"这两个圆的直径相等吗？"一个小个子男生站起来说："应该加上一个条件，在同圆中每条直径都相等。"其他同学会意地连连点头。吴老师也向这个男生竖起了赞赏的大拇指，并强调研究数学要注意科学严谨，用语言表述时也要力求科学严谨。

接着，吴老师抓住了"同圆中直径相等"的概念，对于"同圆中半径相等"的概念则采取了知识迁移的方法，同学们非常容易地就理解了。

随后，吴老师又巧妙地进行了拓展延伸。吴老师举起两个大小相同的圆："这里有两个圆，我也当场测量一下，请一个同学帮忙板书。"只见，吴老师在实物投影下认真地测量起来，同学们清晰地看到所测量的两个圆：一个直径是13厘米，另一个直径也是13厘米。这时，吴老师就此发问："不是在同一个圆中，怎么这两个圆的直径也相等呢？"此刻，学生恍然大悟："应该补充上在相等的圆中直径、半径也相等。"吴老师根据学生的补充完成板书：

$$在同圆中或等圆中 \begin{cases} 直径（d） \\ \\ 半径（r） \end{cases} 无数条，长度都相等$$

紧接着吴老师带领学生进行了半径、直径辨别练习。学生们用所学的概念进行判断。

1.判断图中哪条线段是半径？

2.判断图中哪条线段是直径？

吴老师请同学们分别汇报测量直径与半径的数据，并输入表格中。

直径（d）	9	8	9.8	6	2	3	7
半径（r）	4.5	4	4.9	3	1	1.5	3.5

提出问题：通过这一组数据你发现了什么？在同一个圆里直径和半径有什么关系？这时，学生们抢着回答在同圆里直径的一半是半径，半径的 2 倍是直径。用字母表示：$d=2r$，$r=\frac{1}{2}d$。

4. 做中体会本质

接下来，吴老师在黑板上画了一个圆，并请同学们也画一个和它一样大小的圆。

同学们悄悄地议论开了，边看边找大小相等的圆形物体，个个眯起眼睛目测自己找到的圆形物体，看看是否与黑板上画的圆的大小相同。有的同学甚至跑到黑板前，用双手反复比画着要画圆的大小，然后小心翼翼地走回课桌，十分认真地徒手画圆。

过了一会儿，同学们议论着："老师，这个圆没办法画出来，因为我们根本就没有这样大小的圆形物体。"

吴老师笑着说："这个问题真的很难为你们。现在看来，开始上课时，大家利用圆形物体画圆尽管十分方便，但很难按要求的大小来准确地画圆。你们有什么好办法吗？"

一位徒手画圆的学生拿着画好的圆走向讲台："老师，我画好了。"

同学们看后笑着说："根本就不圆。"

吴老师继续启发："尽管你做了很大努力，但还是画不圆。有没有更巧妙的画圆办法？"这时，几个同学不约而同地喊起来："用圆规画。"吴老师高兴地说："是呀，圆规是专门用来画圆的工具，它能神奇地画出大小不同的圆。怎么画呢？请同学们打开课本，自学画圆，亲自试一试。"学生们兴趣十足地画着，体会着……

同学们终于画出了与黑板上一样大小的圆，开心地笑了。

[赏析：吴老师引导学生在动手画、剪、折、量的活动中不断理解圆的

知识，在做中主动学习、积极探索，并参与到学生的学习活动中。通过独立思考、合作学习、动手实践，学生以自己喜欢的方式进行探索，在积极参与主动建构中建立了新的概念，理解了圆的有关性质。动手"做"发展学生的空间观念，让圆的认识变得生动而有趣。]

三、解疑释疑，亲自体验

在学生对圆有了充分认识的基础上，吴老师再次把疑问抛出来："同学们，回到课前我们的问题上来。让我们坐上不同形状车轮的汽车，好好体验一下。"这时，屏幕上出现了不同形状车轮的汽车在行驶，车轴心运动的轨迹清晰地显示在同学们眼前：

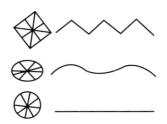

随着不同形状车轮的滚动，每演示一种形状的车轮，学生们就高兴地用身体随之摆动，真实体会到坐上不同轮子的车子感觉是大不相同的，更深刻地感受到只有坐在圆形车轮的汽车上才会平稳。

吴老师笑着说："能否用今天所学的知识来解释车轮为什么要做成圆的？为什么车轮做成圆的行驶起来平稳呢？"话音未落，很多同学高高地举起小手，一位同学说："因为圆的半径相等，车轴安在圆心上，车轮滚动起来车轴到地面的距离总是相等的，所以做成圆形车轮平稳。"吴老师笑着赞扬道："真会思考，原来车轮的设计里还藏着圆的知识呢。只要用心观察，圆的知识在我们的生活中还有很多的用处。"

［赏析：吴老师引导学生运用圆的知识解释车轮形状问题的过程，让学生自然感受到生活现象背后的数学原理。数学与生活密切联系，数学学习变得更加亲切。］

四、解决问题，感受价值

课近尾声，吴老师把套圈游戏带入了课堂，为学生提供灵活应用知识、创造性地解决问题的机会。

屏幕出示：5个小朋友排成一行玩套圈。

吴老师问："你们对这样的排队有什么想法？有什么好的建议？"

一个女生站起来说："我认为这样站队不公平，因为每个人到套杆的距离不相等。为了做到公平，5个人应该围着套杆站成一个圆。"

屏幕出示下图：

通过动画演示，小朋友玩套圈的活动活灵活现。有趣的活动使学生又一次感受到了圆的知识真神奇。这时，一个平时爱说爱动的男生站起来说："也可以站成一个纵队，一个人套完以后，后边的人接着套，这是根据圆的半径相等的知识。"吴老师带头为这个男生精彩的发言热烈鼓掌。屏幕出示下图：

面对孩子们这么精彩的表现，吴老师笑着说："想不想接受更高的挑战？"所有同学高高地举起手来。

屏幕出示：下课了，一年级小朋友们去操场上做游戏，想画一个大圆圈，可又没有任何工具。你能帮他们想个办法吗？

吴老师和同学们一起进行着热烈的讨论。"这样不行，没有任何工具。""绳子不也是工具吗？""在操场上画一个大圆得多几个人。"……经过讨论大家最后一致同意几个同学手拉手画一个圆。吴老师请几个同学到前边来演示。只见他们个个微笑着手拉起手，一个同学以右脚为圆心保持位置不变，然后大家排成一排绕圆心顺时针走一圈。

"你们根据什么想出这种办法的？"不等老师的话音落下，学生声音响亮

地说:"根据半径相等。"

[赏析:学生不仅研究了圆的知识,还应用圆的知识解决了一些生活中的实际问题。通过思考、想象、模拟等活动促进学生空间观念的发展。在应用中学生体会着圆的神奇,也感受着圆的知识的价值。]

评　析

把"再创造"作为一种最好的学习方法,是荷兰籍数学教育家弗赖登塔尔提出来的。弗氏认为:"学习数学的唯一正确方法是进行'再创造',也就是由学生把本人要学习的东西自己去发现或创造出来;教师的任务是引导和帮助学生去进行这种再创造的工作,而不是把现成的知识灌输给学生。"如果学习者不实行再创造,他对学习的内容就难以真正的理解,更谈不上灵活运用了。

小学生真的能"创造"(或者"再创造")数学吗?怎样创造?——吴正宪老师的《圆的认识》课例实录,给了我们一个生动而有说服力的回答。这个教学案例由下面几个教学环节组成,试加以评述如下。

一、从儿童熟悉的生活经验出发

同学们兴趣盎然地观看赛车表演,初步感受圆知识的应用,在学生脑子里调集了他们熟悉的圆桌面、钟面、硬币面、车轮等表面是圆形的实物表象,这是学习的基础,数学中的"圆"就是由这些客观事物的抽象与提炼而产生的。

教师问:"车轮为什么要做成圆的,而不做成方的?"这就激起了学生探究圆的有关知识的心向,也给学习定了方向。

二、在"做(活动)"中学

教师把教的内容,变成学生学的活动。你看:学生用实物模型画一个圆,剪出一个圆;把剪出的圆对折;测量折痕;等等。这些都是学生"做"的内容。

观察和分析这些折痕:学生发现了这些折痕相交于圆中心的一点;每条折痕都把这个圆分成了大小相等的两半;每条折痕的长度相等;等等。

三、在"做"中体验"数学化"

在做中得到的体验是经验，是常识，还不是数学。要使常识成为数学，还必须经过"提炼"，这就是"数学化"的工作。一般来说，数学化包括：（1）对上阶段获得的经验的筛选（选取与学习目标有关的材料）；（2）提炼（用抽象的方法提取与学习目标有关的本质特征，舍弃其非本质特征）；（3）用数学的语言、符号表述出来，使之规范化、形式化；（4）把形式化了的知识依据它们相互之间的关系组织成为整体。这样，学生的数学水平就提高了一步。当然，不同的学习内容和学习阶段又有其特殊性。

以本案例中对直径的认识而言，学生最初只知道把圆对折后的"折痕"是直径。通过画直径，学生说"直径是通过圆心的一条直线"，通过讨论之后纠正为"两端在圆上、通过圆心的线段"。直径究竟是只有 1 条，还是有很多很多条？老师让学生画直径，看 10 秒钟内能画多少条，再有 10 秒钟又能画多少条……通过动手画和想象，学生理解了课本上的"圆的直径有无数条"这句话，并且接触了"无限"这个数学思想。

"半径和直径的关系"的学习是在测量的基础上把数据列成表，使学生看到直径的数据各不相同，半径的数据也各异，但是在这个不同现象的背后隐含了每一条直径与相应的半径之间的关系却是稳定不变的。把这种关系抽取出来，用语言加以叙述，就是："在同圆或等圆内，直径的长度是半径的 2 倍，或者说半径的长度是直径的一半，用数学语言和符号表述，就是：$d=2r$，或 $r=\frac{1}{2}d$（其中 d 表示直径，r 表示半径）。"这样，"常识"变成了数学。

四、回到生活，回答现实问题

现在可以回答"车轮为什么要做成圆的"这个问题了。于是，学生议论纷纷，在老师的帮助下，基于刚才学到的数学知识和想象坐在各种形状的车轮所载的车厢中的感觉，画出了 3 种车轮所行的轨迹：正方形的车轮，中心离地面忽高忽低，车子就颠得厉害；只有圆形的车轮，因"同圆的半径相等"，车子和路面才会保持一个稳定的距离，它的轨迹才是直线前进的，人坐在车子里才感到平稳、舒服。

这样，上课开始时提出的问题解决了，孩子们感受到成功的喜悦，感受到数学的魅力。

当我第一遍读完该教学实录，我马上想到了弗赖登塔尔"学习数学的唯一正确方法是进行'再创造'的理论"。本课的实践再一次证明了小学生有很大的"再创造"的潜力，关键是教师的引导。因此，对教师的要求更高了。

在我反复阅读该实录并写作短评之时，我又想到了我国现代教育史上伟大的人民教育家陶行知先生。东、西方两位教育家在创造教育上竟有许多相通之处。陶先生说："先生的责任不在教，而在教学生学"；"教的法子要根据学的法子"；教与学都以"做"为中心，"教学做合一"；"做是学的中心，也是教的中心"；而"做"是指"手脑并用"。陶先生提出"要解放儿童的创造力"。为此，他要求教师把自己摆在儿童之中，成为儿童中的一员，以赤子之心去了解儿童，认识儿童，只要我们深入到他们之中去，便会"发现小孩子有力量，不但有力量，而又有创造力"。在这里，陶先生对我们做教师的寄予了厚望，并且指出了我们该怎样做。

（《小学数学教师》特邀编审　宋淑持）

课堂花絮

"绳子没拉紧，为什么就画不成圆呢？"

在教学《圆的认识》一课时，吴老师设计了让同学们画圆的活动。

吴老师提出要求："同学们准备好画圆的工具，每人试着画一个圆。边画边体会、思考圆是怎样画成的。"学生利用手中的工具画出大小不同的圆，并在小组中交流着画圆的方法和体会。

"我把一枚硬币按在纸上，画了一个圆。"

"我利用这条绳子画了一个圆。（同学们露出异样的目光：绳子还能帮助画圆吗？）绳子的一端系一支铅笔，另一端固定在纸上，把绳子拉直，将铅笔绕一圈，就画成了一个圆。"

"真圆啊，真没想到还可以这样画圆。"

随即，吴老师借助这位同学的方法顺手在黑板上画圆。绳子一端固定在黑板上，另一端缠绕粉笔，顺时针旋转。吴老师故意将拉直的绳子变松懈，出现了"椭圆图形"，同学们笑了。同学们连声说："您画的不圆。""绳子没拉紧。"……

吴老师抓住时机追问：你们观察得很仔细，并说出了一个关键问题——绳子没拉紧。绳子没拉紧，为什么就画不成圆呢？

学生陷入深深的思考中……

在这个片段中，吴老师巧妙地引发学生的认知冲突，为学生创造更大的思维空间，帮助学生实现认识上的飞跃。吴老师抓住"绳子没拉紧，画不成圆"这一关键问题引导学生思考、体验背后的数学内涵——圆上各点到定点（圆心）的距离（半径）相等。

（北京市房山区教师进修学校　姚颖）

后　记

书稿几经磨砺终于搁笔了！凝神回眸，激动与喜悦、焦虑与坚持、感动与幸福、艰辛与感激一起涌上心头。

这本书记录了吴正宪老师近年来课堂教学的点点滴滴，突出了她的"儿童观"，体现了让孩子们获得"好吃又有营养"的数学教育，以纪实的方式还原了课堂现场，画面可想象，理念可落实，行为可模仿，设计可借鉴，活动可操作，策略可迁移。

首先，感谢吴老师为一线教师提供的课例，生动诠释了如何从数学教学走向数学教育，如何站在育人的高度，培养学生的核心素养，让教师们在深刻的体验中获得专业成长。书中的课例对课堂进行了立体的诠释，带给每位读者深深的触动：儿童的学习并不是被动地接受，而是主动参与和体验的过程，同时，儿童也是课堂上资源的提供者、加工者和资源建构者。

其次，感谢参与整理课例的老师，是你们把课堂上的场景用文字记录下来，梳理成逻辑化、结构化的可以传播的资源，对经验背后的理论进行了挖掘；更感谢对课例进行精彩点评的专家们，感谢周玉仁、孙晓天、马云鹏、孔企平、刘加霞、张良朋等教授的思想引领。

再次，感谢吴正宪老师的统筹谋划，感谢华东师范大学出版社任红瑚编辑的整体架构和细节点拨，你们慷慨地奉献了自己的智慧，提出了许多宝贵的意见和建议，激发了写作者对教育教学的思考与理解，促进了数学教师对核心概念、数学本质形成更高层次的认识。

最后，感谢每一位参与的团队成员所贡献的智慧！你们的问题引起了大家的思考，你们的建议成为书稿修改的切入点，你们的疑惑在理论与实践之间架起了可以沟通与对话的桥梁。

在实践中尝试，在尝试中反思，在反思中提升，这就是教师专业化成长的过程，也是"实践—认识—再实践—再认识"循环往复的认识过程。多次修正书稿框架，几度打磨课例，就是实践再认识、再梳理的过程。我们就是不断在"模仿—移植—借鉴—创新"的良性循环中实现超越，获得成长！

和大家一起成长真好。

张秋爽　武维民

图书在版编目（CIP）数据

跟吴正宪学教数学.1 / 武维民等编著 . —上海：华东师范大学出版社，2018
ISBN 978－7－5675－8095－4

Ⅰ.①跟 ... Ⅱ.①武 ... Ⅲ.①小学数学课—教学研究 Ⅳ.① G623.502

中国版本图书馆 CIP 数据核字（2018）第 172333 号

大夏书系·吴正宪教育教学文丛

跟吴正宪学教数学（1）

编　　著	武维民　张秋爽　等
策划编辑	任红瑚
审读编辑	张思扬
封面设计	淡晓库

出版发行	华东师范大学出版社
社　　址	上海市中山北路 3663 号　邮编　200062
网　　址	www.ecnupress.com.cn
电　　话	021－60821666　行政传真　021－62572105
客服电话	021－62865537
邮购电话	021－62869887　地址　上海市中山北路 3663 号华东师范大学校内先锋路口
网　　店	http：hdsdcbs.tmall.com

印 刷 者	北京季蜂印刷有限公司
开　　本	700×1000　16 开
插　　页	1
印　　张	15
字　　数	230 千字
版　　次	2019 年 6 月第一版
印　　次	2024 年 5 月第九次
印　　数	27 101 - 29 100
书　　号	ISBN 978－7－5675－8095－4/G·11364
定　　价	49.80 元

出 版 人	王　焰

（如发现本版图书有印订质量问题，请寄回本社市场部调换或电话 021-62865537 联系）